도시와 병원은 담이 없다.

칼과 붓으로 그리는 어반 드로잉 (Urban Drawing) 이야기

추천의 글

　이지호 선생의 원고를 받아 들고 깜짝 놀랐습니다. 의사로서의 전문 코멘트가 주어(主語)일 텐데 아마추어 일러스트레이터로서의 주어 도전이 과히 볼만합니다. 멋집니다! 다음 책, 그리고 그 다음 책의 발간이 기대됩니다.

강인춘

일러스트레이터

　이지호 선생님과의 인연은 페이스북이었다. 누군가 자신이 그린 그림이라며 포스팅을 하는데 보는 이의 마음을 푸근하게 만드는 따뜻한 화풍이 인상적이었다. 나중에 그린 이가 한국 최고 병원의 현직 의사라는 것을 알고 깜짝 놀랐던 기억이 있다. 이후 가게에 동료들과 손님으로 오셨을 때 자리에 끼어 대화를 귀동냥할 기회가 있었다. 그날 따라 치료가 어려운 중환자 진료를 보셨는지 수심이 가득 드리운 얼굴로 환자의 상태를 염려하며 안타까워하던 모습이 눈에 선하다. 한마디로 마음이 따뜻한 사람이었다. 나중에 인연을 이어가며 알게 된 그 따뜻함의 정체는 환자가 평온한 일상으로 돌아갈 수 있기를 바라는 의사로서의 직업적 소망이었다. 생사의 기로에 서있는 환자를 늘상 대해야 하는 직업이기에 그만큼 일상의 소중함에 대한 인식이 남다르다는 느낌이었다. 그의 그림에는 그러한 따뜻함이 묻어난다. 그저 평범한 일상일 수 있는 주위의 작은 것에서 기쁨, 슬픔, 희망, 행복, 안타까움, 그리움의 모티브를 포착해 그만의 간결한 화풍으로 담아낸다. 그의 그림을 보고 있으면 나도 따뜻한 사람이 되고 싶다는 생각이 절로 든다. 기교가 아닌 마음으로 그린 그림은 이심전심의 힘이 있다.

신상목

기리야마본진 대표, 전 주일대사관 1등 서기관

이제 병원은 삶의 기본 요소가 되었습니다. 주거지를 정할 때 좋은 학교와 병원이 필수적인 현대에 도시와 병원 사이의 일상과 전문병원의 일과가 아름다운 그림으로 표현될 수 있다는 것을 처음 알았습니다. 구강암 환자 진료에 헌신적인 저자가 담이 없는 병원을 그려내며 전달하는 메시지가 참으로 신선합니다. 병원에 계신 환자나 관련 분들이 스타벅스에서 커피 한잔하는 여유로움을 갖게 하는 책입니다.

이종호
국립암센터 구강종양 교수, 대한민국학술원 회원

2005년 2월, 태국 서북쪽의 오지 메솟에 자리한 카렌족 난민촌에서 치과 의료 봉사를 하던 한 젊은이를 만났다. 먼지가 풀풀 날리던 난민촌엔 할 일이 산더미였기에 말없이 치료에 바쁜 그와 깊은 대화를 나누진 못했다. 그런데 그가 낡은 카메라를 들쳐 메고, 업무 이후엔 사진을 찍는다는 사실을 알고 급속히 친해졌다. 이듬해 말레이시아 보르네오 섬 의료 방문 때 그와 반갑게 재회한 이후 꾸준히 근황을 주고받으며 시간이 흘렀다. 그는 신이 인간에게 주신 모든 것을 존중하고 사랑하는 타고난 의사였다. 그의 따뜻한 시선이 섬세한 카메라 화각과 따스한 붓터치에 담겨있다.

정호재
싱가폴국립대(NUS) 박사, 전 동아일보 기자

종합병원은 도시 속의 도시다.

이 거대한 복합 공간은 환자와 의료진, 그리고 다양한 직종의 사람들이 유기적으로 모이고 흩어지기를 반복한다. 스케치북에 담아본 이들의 시간과 내가 살고 있는 도시의 시간은 별반 다르지 않았다.

1. 프롤로그 : 도시와 병원, 나의 어반 드로잉

 2. 공간 : 도시와 병원은 공간을 공유한다
- 전염병이 바꿔 버렸던 일상
- 로트렉의 스케치북
- 나의 스케치북
- 커피는 도시의 윤활유다
- 하늘과 타워 그리고 광장

 3. 사람 : 공간의 주인공은 사람이다
- 일터에서 만난 사람들
- 시간을 공유한 사람들
- 이웃이 되는 법
- 도시의 조각상, 사람보다 더 사람 같은 사람의 그림자

 4. 시간 : 사람과 공간의 누적된 흔적
- 병원의 시간, 오늘을 사는 사람들
- 드로잉은 시간과 공간을 연결한다
- 흐트러진 것은 시간이 흐르면 제자리로 돌아간다

5. 에필로그

프롤로그

도시와 병원, 나의 어반 드로잉

그림을 시작하다

학창시절 일본 문화가 정식으로 개방되기 전, 교실에서 돌려보던 해적판 일본 만화의 강렬한 선과 파격적 구도는 신세계였다. 나중에 알고 보니 에도시대를 풍미했던 일본 판화 '우키요에' 까지 그 근본이 거슬러 올라가는 것이었다. 지금도 학회로 일본에 가면, 시간을 내서 우키요에 미술관이나 서점에 들러 그림을 감상하거나 화첩을 사오기도 한다. 고교시절 그 만화 속의 멋진 장면들을 연습장에 베껴 보거나 줄거리를 입혀서 그린 만화를 친구들에게 보여 주기도 했다. 그것은 끊어질 듯 하면서도 꾸준히 이어져 온 나와 일러스트레이션의 첫 인연이었다. 그러나, 입시 준비와 대학시절 빡빡한 학업에 치여 살며, 멋진 그림에 대한 욕심은 마음 한구석에 묻어 둬야 했다. 구강악안면외과 전공의 시절, 수술 기록지에 붙여 넣던 정해진 형식의 그림보다 더 간결하고 정확한 일러스트를 직접 그려 보고자 시도한 것이 몇 년 만에 그림을 다시 시작한 계기였다. 이후 논문이나 학회발표 슬라이드에 직접 그림을 그려 넣기도 했지만, 그것은 내 일상의 일부만 접점을 가지는 수술장, 연구실에서 생산되는 이미지를 간헐적으로 소환하는 것에 불과했다. 일러스트레이션이 내 일상에 본격적으로 들어온 것은 스마트폰 덕분이었다. 2015년에 전자펜이 탑재된 갤럭시 노트 4를 사용하고 있었다. 그림을 그리려고 일부러 구입한 것은 아니었지만, 시간이 날 때 마다 주변의 이런저런 장면을 그리면서 재미를 붙였다. 실력이 좀 늘자 와콤, 아이패드 같은 좀더 전문적인 장비도 구매하고 수채화 도구도 하나 씩 사 모았다. 미술 학원을 다니거나 개인 교습을 받을 시간이 없다 보니, 인터넷에서 잘 그린 그림을 베끼고 유튜브를 보고 따라하면서 나름대로 부족한 부분을 메꾸어 나갔다.

나의 그림 도구들

어반 드로잉 (Urban Drawing)

욕심을 내보는 것 까지는 좋았지만 그 다음은 무엇을 그릴 것인가의 문제였다. 수술장, 외래, 연구실 그리고 집을 오가는 시계추 같이 반복되는 일상에서 소재는 금방 바닥났다. 어쩌면 핑계일 수도 있었다. 그만큼 일상에서 소재를 찾아내는 관찰력이 부족했던 것일지도 모른다. 그러다 어반 드로잉을 알게 되었다. 진지한 전문가들의 미술이라기보다, 그냥 일상에서 담고 싶은 것들을 자유롭게 그리는 일종의 생활미술 같은 것이었다. 현대인 대부분은 도시(Urban)에 거주한다. 그러다 보니 그림(Drawing)의 소재는 도시의 어떤 것들이며 자연스럽게 어반 드로잉 (Urban drawing) 이라는 이름이 붙은 것이다. 굳이 잘 그릴 필요도 없고, 자신의 일상을 그냥 그림으로 표현하는 것이다. 그래서 전문가가 아닌 나같은 사람도 자기만의 그림 세계를 만들 수 있었다. 한편으로 그림이라는 것이 그려 놓고 혼자 보는 것이 아닌 만큼 누군가에게 보여 줄 공간과 시간이 필요하다. 하지만, 갤러리나 미술관에 전시하고 판매하는 것은 전문 작가들에게 해당되는 이야기다. 다행히 인터넷의 발달로 누구나 의지만 있다면, 블로그나 SNS를 통해 사람들에게 자신의 그림을 보여주고 소통하는 일상의 재미를 누릴 수 있게 되었다.

도시와 종합병원, 그리고 팬데믹

결국 나는 도시에 거주하는 사람이고 내 일터는 도시 한가운데 위치한 종합병원이다. 내가 그리는 모든 대상은 병원의 일상이며 도시의 일부분이다. 시간이 날 때마다 도시와 병원을 관찰하고 스케치북에 옮기면서 도시와 종합병원은 서로 많이 닮았다는 생각을 하게 되었다. 첨단기술이 집약된 거대한 콘크리트 빌딩, 철저한 계산을 기반으로 설계된 공간, 모였다가 흩어지는 다양한 직군의 사람들, 모두 도시와 종합병원이 공통적으로 가지고 있는 것이다. 스케치북에 그려진 종합병원의 다양한 모습은 도시의 축소판과 같았다. 그렇게 2017년부터 그리기 시작한 도시와 병원의 풍경은 몇 권의 스케치북에 남았다.

그동안 모은 그림을 담은 스케치북들

2019년 여름, 미국으로 연수를 떠나고 반년쯤 지나 공교롭게 코로나 팬데믹이 터졌다. 1년 반의 연수를 마친 후 병원과 대학에 복귀하고 나서도 한동안 코로나 유행은 계속되었고 우리 사회는 2023년 5월이 되어서야 코로나 종식을 선언할 수 있었다. 의도한 것은 아니지만, 내가 그린 도시와 병원의 풍경들은 팬데믹의 그림자와 회복 과정도 함께 담게 되었다. 평소 나의 그림들을 관심과 애정으로 봐 주시던 올리커 신우혁 대표님께서 그림들을 묶어 책을 내자고 제안했을 때 조금 망설였다. 서툰 실력은 둘째 치더라도 즉흥적이고 산발적으로 그려진 그림들이 하나의 책으로 묶였을 때 과연 일관된 이야기를 할 수 있을 지 확신이 서지 않았다. 하지만, 도시에 사는 평범한 한 사람으로, 또 병원에 근무하는 의사이자 직장인의 시각으로 삶의 공간과 사람들의 이야기를 그림으로 풀어 가는 것이라면 가능 할지도 모르겠다고 생각했다. 그래서 용기를 내보았다. 500장이 넘는 그림들 중에서 200장이 좀 넘는 그림들을 추려내고 편집했다. 그리고, 그림의 한구석에 하고 싶은 이야기를 조금씩 적어 넣었다. 생각보다 지난한 작업이었다. 그래도 이 책을 펼쳐 든 도시에 사는 누군가는 역시 도시에 사는 어떤이의 그림에 버무려진 이야기가 흥미롭거나 혹은 더 나아가 공감된다면, 그것으로 이미 충분하다고 생각한다.

공간

도시와 병원은 공간을 공유한다.

전염병이 바꿔 버렸던 일상

2019년 8월 미국 노스캐롤라이나, 윈스턴 세일럼에 위치한 웨이크 포레스트 재생의학 연구소로 연수를 떠났다. 그러나, 1년 반의 미국 생활은 코로나팬데믹으로 예상과 다르게 흘러 갔고, 귀국하고 2년이 넘게 지난 2023년 5월이 되어서야 유행병의 종식을 알리는 뉴스를 접할 수 있었다.

그래도 사람들은 미국이나 한국이나 그 속에서 자신들의 삶의 공간을 상황에 적응 시키며 살아갔다.
한편으로, 그런 모습들은 나의 그림에 다채로운 소재가 되었다.

새로운 환경을 인지 시키는 것들

16 / 도시와 병원은 공간을 공유한다.

연구원 신분의 새로운 신분증을 받았다.

웨이크 포레스트 의과대학, 연구소 건물들의 생김새는 서울의 건물들과 비교해 꽤 이질적이다.

마트에서 만난 다민족 바비 인형들이 지금 당신은 미국에 있다고 말해 주는 것 같다.

첫 출근에서 만난 그림

연구소 한쪽에 붙어 있는 포스터
미 육군에서 여기 연구소와 함께 전투 중 부상당한 군인들의
조직 재생 치료를 위한 임상 연구를 하고 있으며 지원자를
모집한다는 내용이다.
이 나라의 군인에 대한 사회적 인식과 예우가 부럽다.
캡틴 아메리카 실사판은 현재 진행 중이다.

담배 한 개비

연구소의 유명세에 비해 윈스턴 세일럼은 아담하고 조용한 도시다. 담배 산업으로 발달한 도시의 흔적은 다운타운에 위치한 담배 공장의 커다란 굴뚝으로 남아있다. 담배 산업으로 부를 일으킨 사업가가 웨이크 포레스트 병원과 의과대학의 설립자였다고 한다. 나는 지금 담배가 건강한 인류의 미래를 개척하는 모습을 보고 있다.

다운 타운을 돌아다니다 보니 식당 뒤편에 담배 한 개비로 휴식을 취하는 직원이 보인다.

마스크의 시간

2020년 2월, 한국에서 코로나 첫 사망자가 나왔다는 뉴스가 떴다. 미국에서 보는 한국 뉴스에 사람들이 마스크를 구하기 위해 길게 줄을 서 있는 모습을 볼 수 있었다. 내가 미국에서 머물고 있는 곳은 작은 소도시였기 때문에 뉴스에서 보는 미국이나 한국의 혼란스러운 상황이 아득히 먼 곳의 이야기로 느껴졌다.

병원과 연구실에서 마스크는 여기저기 비치되어 필요할 때마다 꺼내 쓰는 흔한 물건이었지만, 1개월 정도 지나면서 결국 이 곳에서도 마스크는 매우 귀한 물건이 되었다.

지금 돌이켜보면 마스크를 위해 길게 늘어선 저 풍경은 매우 아득한 과거의 모습이다.

하지만, 그림으로 남겨 놓고 가끔씩 들여다 보는 것도 의미가 있을 것이다.

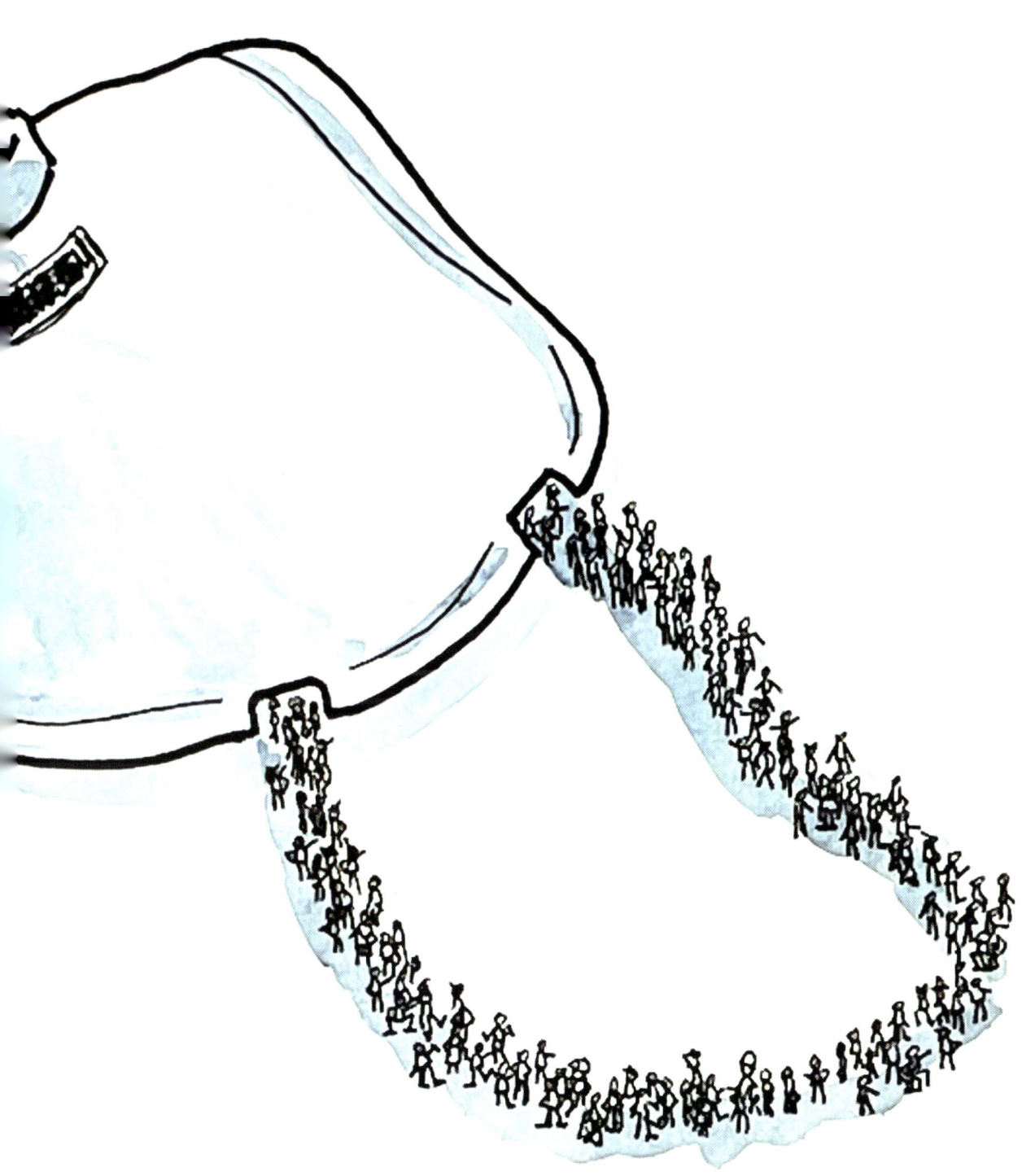

나도 전설일까?

2007년 개봉한 영화 '나는 전설이다'는 바이러스로 인류가 멸망하고 주인공 혼자 살아남아 좀비가 된 변종 인류와 싸우는 이야기다. 주인공은 밤에 활동하는 좀비를 피해 낮 동안 혼자 폐허가 된 도시를 돌아다닌다. 그가 마트에 들어가는 장면에서 내부를 보여주는 데 남아 있는 물건이 거의 없다. 2020년 3월 부터 나는 동네 마트에서 주인공과 비슷한 체험을 하는 중이다. 매대를 꽉꽉 채우던 그 많던 물건들은 다 어디로 간 것일까?

미지의 감염에 대한 공포는 평소 당연하게 여기는 것들이 순식간에 자취를 감추게 만든다.

3/17/2020 이지원

소행성 COVID-19의 어린왕자 1

생텍쥐페리의 어린 왕자는 B-612 행성에 살았다.

우리집의 어린 왕자는 소행성 COVID-19에서 먹고, 자고, 온라인으로 수업과 숙제를 한다.
2020년 봄, 우리집, 옆집, 그 옆집… 수많은 어린 왕자들은 자기만의 COVID-19 행성에 살게 되었다.

소행성 COVID-19의 어린왕자 2

어린 왕자를 데리고 소행성 COVID-19를 벗어나 보았다.
주택가 앞마당엔 이미 다른 왕자들이 놀다 간 흔적이 남아 있다.

어린왕자... 오늘은 우주 끝까지 달려보자.

소행성 COVID-19의 어린왕자 3

원래 어린 왕자는 두발 자전거를 탈 줄 몰랐다.
전염병으로 사람이 뜸해진 동네 공터는 좋은 연습장이 되어 주었다.

비대면은 일상이다 1

근무하던 연구소는 당분간 문을 닫았다. 세포 배양, 동물 실험 모두 언제 다시 시작할지 기약이 없다. 각자의 공간에서 줌으로 실험 보고, 논문 발표, 아이디어 회의를 한다. 비대면은 답답하고 어색하지만 시간이 지나면서 다들 그러려니 한다. 익숙해 지니 현장보다 긴장이 풀린다.

회의 중에 변기 물 내리는 소리, 음식물 씹는 소리를 가끔 들을 수 있다.

비대면은 일상이다 2

다니던 한인교회도 줌을 사용하기 시작했다. 설교, 기도, 찬송가 모두 노트북 너머로 보고 듣는다. 성가대가 줌을 통해 맞추는 화음이 생각 보다 나쁘지 않다.

드라이브 스루에 대한 단상

자동차의 나라 답게 미국은 드라이브 스루가 생활이다. 스타벅스, 맥도날드는 기본이고
은행, 세탁소, 약국 모두 차에서 내리지 않고 해결할 수 있다.
코로나 유행을 예상하고 만든 것은 아니겠지만 비대면에 최적화 된 서비스다.
드라이브 스루 진료소 뿐만 아니라, 등교, 결혼식, 고해성사 까지 등장했다고 한다.
앞으로 어떤 모습으로 진화해 나갈까?

공간 / 37

드라이브 스루의 진화

드라이브 스루 일요일 예배...

자동차의 독립적인 공간은 확실한 비대면을 보장해 준다. 일요일 아침 설교하는 목사님 앞에 모여든 자동차를 보고 있으니 신자들이 모두 차로 변신한 것만 같다. 사람 형태의 로봇이 자동차로 자유자재로 변신하는 SF 영화를 떠오르게 만든다. 지정된 라디오 주파수를 맞추면 굳이 차의 창문을 열지 않아도 설교를 듣는데 아무런 지장이 없다. 혹시 예수님이 21세기에 오셔서 산상설교를 하신다면 산 보다는 커다란 주차장이 필요하지 않았을까?
빅맥 다섯개와 맥너겟 두조각으로 5000명 이상의 사람들이 배불리 먹는 축복도 가능할 것이다.

자동차는 작업실이 될 수도 있다

자동차의 개인적 공간이 제공하는 다른 기능

어반 드로잉은 그림의 소재를 도시에서 찾지만, 많은 사람들이 다니는 도시 한 복판에서 그림을 그리는 것은 눈에 띄는 행동이다. 잘 그리면 모르겠지만, 아마추어인 내 입장에서는 썩 내키지 않는다. 그래서 대부분의 그림은 살짝 스케치만 하고, 사진을 찍은 다음 집에 와서 나머지를 그린다.
하지만, 자동차는 예외다. 차에 앉아 그림을 그리는 것은 남의 시선을 신경 쓸 필요가 없다. 그래도 비좁은 공간에서 제한된 도구로만 작업을 하니 선은 거칠어 지고 조급함과 불편함이 그림에 배어 나는 것은 어쩔 수 없다.

그래도 같은 장소에 반복적으로 갈 수 있고, 조금씩 차분하게 작업한다면 어느 정도 정교하게 그릴 수 있다.

장소 : 마트 주차장과 그레이스의 첼로 스튜디오

그레이스의 첼로 스튜디오

같은 도시에 그레이스라는 첼로 연주자가 살았다. 커다란 집에 스튜디오를 차려 놓고 연주회를 다니거나 첼로 레슨을 했다. 딸 아이도 그레이스의 스튜디오에 첼로를 배우러 다녔다. 대만계 미국인 아줌마였는데, 내가 아는 유일한 첼리스트인 요요마가 생각났다.
코로나가 터져도 마스크를 착용하고 마당에서 레슨을 하거나 아이들과 작은 연주회를 하기도 했다.

1년 동안 아이의 첼로 실력이 조금씩 늘었고 내 그림체도 조금씩 변하는 게 보인다.

cello concert
Lake point drive. WS, NC
11/6/2020 #148NC 이지호

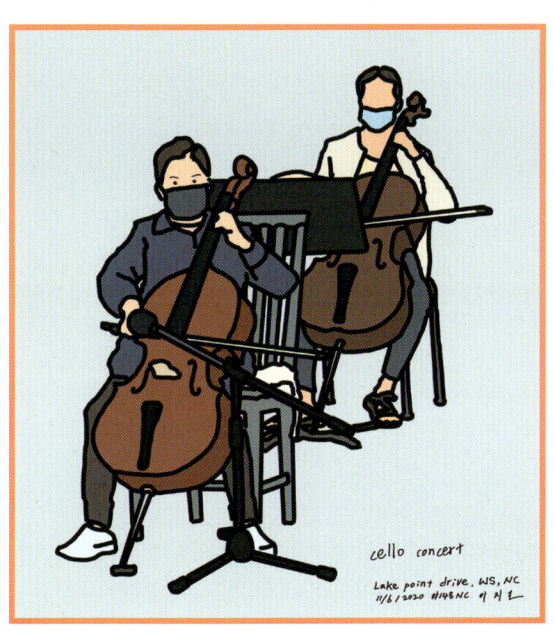

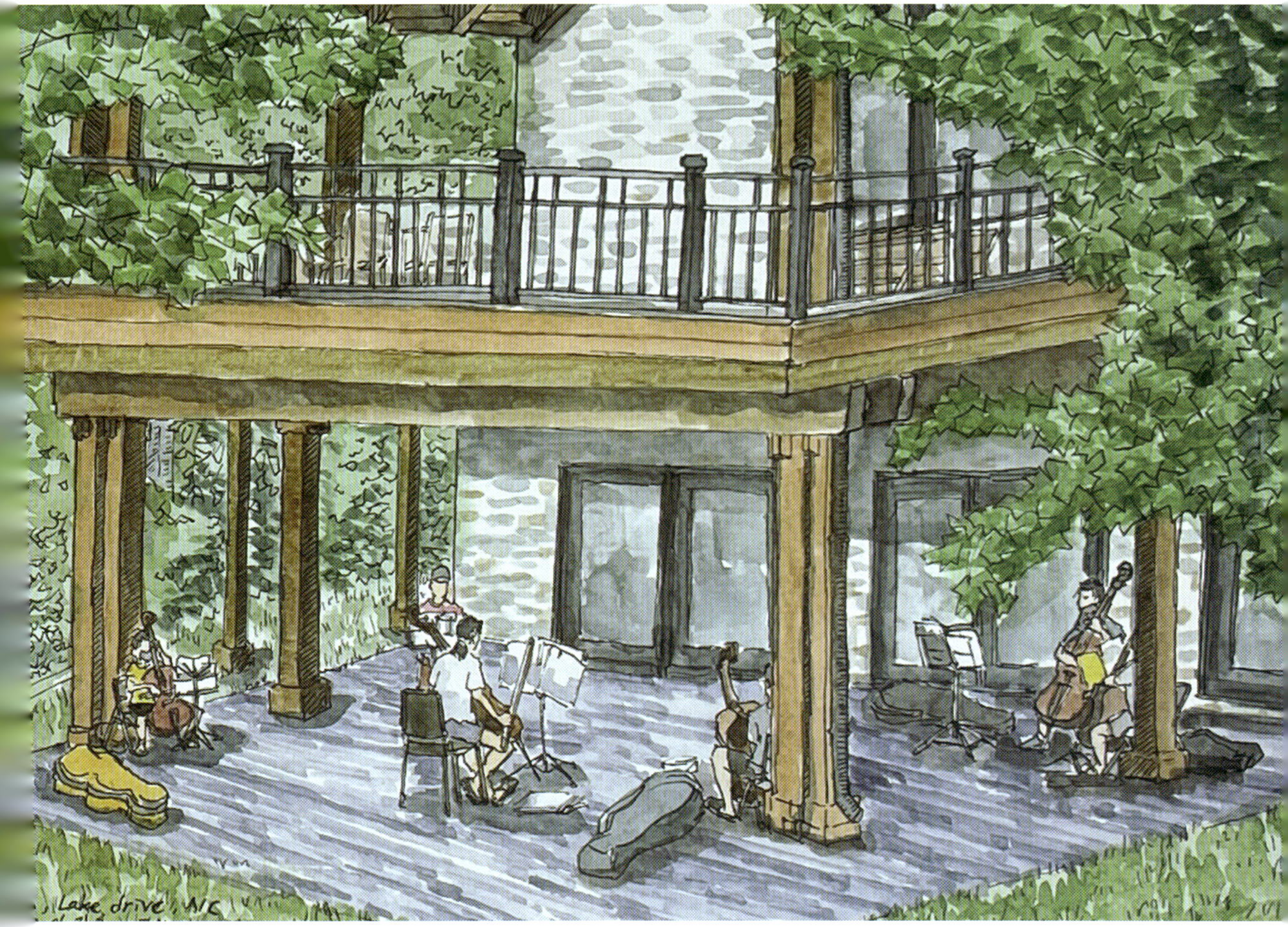
Lake drive, NC

마스크에서 자유로운 사람들

사람들이 마스크에 적응하며 살아가는 동안, 나는 거리에서 그런 것에 전혀 신경 쓰며 살지 않는 사람들을 보았다.

노숙자, 퇴역한 미 해병대원 그리고 거리의 악사들이었다.

ve matters...

tion of primitive rhythm.
on Marjorie St. Asheville, NC

3D 프린터는 언젠가 사람을 찍어 낼 수 있을까?

3D printer optimatram at Wake Forest Institute For Regenerative Medicine, Biomaterial Core
Calibration of Nozzle.
What is ITOP ?
Integrated Tissue Organ Printing.
Body component.
Bone, cartilage, Skin.

multiple cartilage
with customized bio ink.
marvelous system.
Is this the future of human being. ?

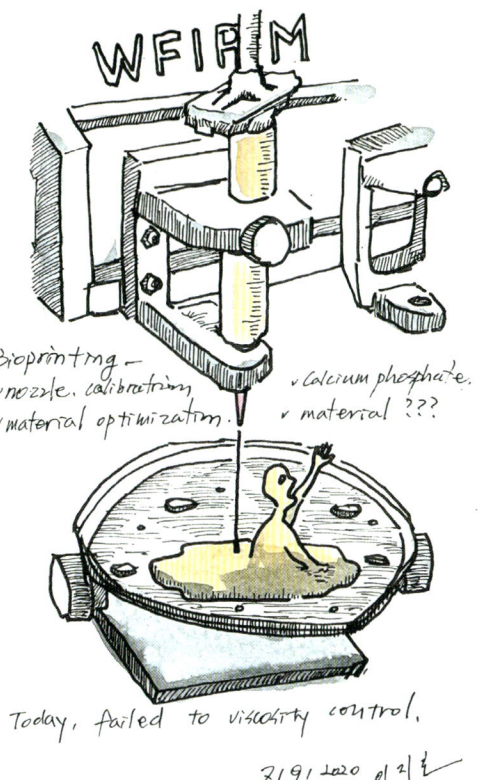

웨이크 포레스트 재생의학 연구소 (WFIRM, Wake Forest Institute of Regenerative Medicine) 는 인체조직 재생을 연구하는 곳이다. 나는 그곳에서 L교수님과 턱뼈 조직을 3D 프린터로 재생하는 기술을 연구했다.

연구소 전체로 봤을 땐 내가 하는 연구는 극히 일부에 불과 했고 다양한 랩 (연구실) 에서 혈관, 방광, 근육, 신경 조직 등 여러 가지 인체 조직에 대한 재생 연구를 하고 있었다.

언젠가 인체의 각 부분을 부품처럼 프린팅해서 덜컥덜컥 끼워주는 세상이 온다면 사람들이 쉽게 받아 들일 수 있을지 갑자기 궁금해 진다.

연구실이 재가동 되고 곧 우리 실험실 팀원인 그렉 박사가 나에게 3D 바이오 프린터의 사용법을 알려주었다. 분명히 배운 대로 한 것 같은데 프린팅 된 인공 조직이 무너져 내린다. 이론과 현실은 항상 생각보다 큰 간극이 존재한다.

공항은 팬데믹 사회의 축소판이다.

미국 사회가 팬데믹에 어느 정도 익숙해 질 무렵, 서부행 비행기를 탔다. 갑작스러운 태풍으로 텍사스 샌안토니오 공항에 발이 묶였다. 2시간 정도 기다리면 된다고 했지만 결국 비행기 안에 9시간을 앉아 있었다. 그리고 돌아가는 표를 받기 위해 공항에서 새벽 1시 부터 아침 7시 까지 줄을 서야 했다.

우왕좌왕 하는 행정처리, 마스크를 착용하고 불만을 억누르며 길게 줄을 선채 하염없이 기다리는 사람들, 혹은 아예 아침에 다시 와서 비행기 표를 받기로 마음먹고 근처 호텔로 떠나는 등 각자도생하는 사람들… 야밤의 공항은 팬데믹 초기의 사회 분위기를 압축해서 보여준다.

돌아온 자영업자

연구소 사람들의 단골 커피집 'Krankies'
코로나가 유행하면서 기약없이 문을 닫았다가
조심스럽게 다시 문을 열었다. 아직은 조심해야 한
다고 말하는 듯 조명도 살짝만 켜놓고 직원도 한 두
명이 일을 한다.
팬데믹이 자영업자의 먹고 살고자 하는 절박한
의지를 완전히 꺾어 놓을 수는 없다.

50 / 도시와 병원은 공간을 공유한다.

비오는 날 마트 가는 길

팬데믹 이후 집에서 지내는 시간이 많아 졌지만, 마트에는 꼬박꼬박 가서 생필품을 사야한다. 비가 심하게 오는 날도 마찬가지다.

번지는 잉크로 밑그림을 그리고 물을 잔뜩 먹인 붓으로 문질렀더니 스케치북에서도 비가 내린다.

공간 / 53

노익장

앞 집은 빨간 벽돌로 된 2층 주택이었다. 주택 회사들이 붕어빵 같이 찍어낸 주변의 공산품 같은 나무 집들에 비해 고풍스러운 멋이 있었다. 그 집엔 80이 넘은 할아버지, 할머니 두 분만 살고 있었다. 할아버지는 시간이 날 때 마다 카트를 몰면서 잔디를 직접 깎으셨다. 그래서 그 집의 잔디는 주변 집들에 비해 항상 말끔하게 정리되어 있었다.

걸어 다니는 것도 힘겨워 보이시는 구부정한 할아버지셨지만, 잔디 카트를 탈 때만은 힘이 넘치는 게 마치 딴 사람 같아 보였다. 가끔 할아버지가 마당에 나타나면 창문으로 그 모습을 훔쳐(?) 보며 스케치북에 멋진 벽돌집과 할아버지를 담았다.

귀국하기 며칠 전 이 두 장의 그림은 나보단 할아버지, 할머니 부부가 갖고 계시는 게 더 나을 것 같아 처음으로 그 집 초인종을 눌렀다. 그리고, 그림 값으로 하트 모양 호두파이를 받았다.

사회적 거리 두기의 정의 1

마트에 '사회적 거리두기 (Social distancing)' 표지판이 커다랗게 붙어 있다. 팬데믹으로 생긴 단어일까 원래 있었던 단어일까? 거리를 사회적으로 두는 것은 도대체 어떻게 두는 것일까?

한국에서 2 미터, 미국은 6 피트 (대략 1.8 미터) 라고 하니 큰 차이는 없다. 성인 남자의 평균 보폭을 대략 70cm 정도로 보면 감염된 누군가로부터 안전할 수 있는 최소거리가 대략 세걸음이라고 사회적 합의가 이루어 졌나 보다. 2000년대 초반에 이연걸 주연의 영화 '영웅'에서 진나라 시황제를 암살하려던 자객의 필살기가 열 걸음 안의 적은 무조건 벨 수 있다는 '십보필살' 이었다.

어쨌든 사회적 거리두기는 바이러스는 세 걸음, 암살자는 열 걸음이다.

돌아온 커피의 여신

마트 한 켠에 테이프로 꽁꽁 감겨 있던 커피숍이 다시 문을 열었다. 아직 마스크를 써야 하고 테이크 아웃만 가능하지만...
한번에 모든 것이 제자리로 갈수는 없다. 그래도 소소하게 즐기던 것들은 작은 틈새를 비집고 조금씩 돌아 온다.

사회적 거리 두기의 정의 2

2020년 여름이 가까워 지면서 '사회적 거리두기 (Social distancing)' 표지판이 없어 졌다. 매대에 물건이 가득하고 사람들도 더 이상 사재기를 하지 않는다.

바이러스도 암살자도 몇 달 전 만큼 두렵지는 않은 것 같다.

62 / 도시와 병원은 공간을 공유한다.

할로윈 축제와 팬데믹

2020년 10월 동네 전체가 할로윈 축제로 북적거렸다. 자기집 마당을 개방하고 다양한 모양의 귀신 장난감이나 모형으로 치장해 놓으면 동네 전체가 하나의 테마파크가 된다. 그날 나도 사람들 틈에 끼어 해골 아저씨와 커피를 나눠마셨다.

2022년 8월 서울의 코스트코에서 벌써부터 할로윈 관련 축제 용품을 팔고 있었다. 바다를 건너온 축제가 이제 한국에서도 당연하게 즐기는 행사가 되어가는 것 같았다. 팬데믹 동안 사람들은 북적거리는 모임이 많이 그리웠을 것이다. 하지만 이때만 해도 이것이 비극적인 사건이 될 지는 아무도 몰랐다.

귀국 환송회

2020년 10월, 연구실에서 같이 일하던 포닥 K의 귀국 환송식이 있었다. 환송식이라고 해 봐야 연구소 뒤편의 피자집에서 피자랑 맥주를 같이 먹고 다시 연구실로 들어가는 것이 었지만... 몇달 뒤면 저 뒷모습이 나의 모습이다.

'귀국 환송회' 작업

연구소로 걸어 들어가는 L교수와 K 연구원, 오래된 전신주와 전선들 그리고, 붉은 저녁 하늘은 그리기 좋은 소재였다. 사진을 찍어 둔 다음 몇달을 미루다가 오히려 내가 귀국할 때가 다 되어서야 작업을 끝냈다.

백신 접종

귀국이 얼마 남지 않은 시점에 난 연구소에서 백신을 두차례 맞을 수 있었다.

세상의 수많은 고개 숙인 남자들에게 희망을 주었던 화이자가 이번엔
바이러스로 신음하는 세상에 다시 한번 희망이 되어 주었다.
끝이 안보이는 것 같지만 사람들은 조금씩 답을 찾아가는 것 같다.

방역과 트리

귀국해도 팬데믹은 진행 중이다. K 방역은 미국보다 더 엄격하다.
그래도 크리스마스 트리는 해마다 그렇듯 병원 현관의 한 자리를 차지하고 서 있다.

음식점의 칸막이

팬데믹 이후 식당에서 가장 눈에 띄는 변화는 칸막이다. 몇 년 전 일본 여행중 칸막이로 된 라멘집에 가본 적이 있었다. 혼자 와서 조용히 라멘을 즐기고 싶다면 괜찮은 서비스 방식이었다.

방역이 목적이든, 프라이버시가 목적이든 팬데믹이 끝나도 칸막이 식당이 완전히 사라지지는 않을 것 같다.

74 / 도시와 병원은 공간을 공유한다.

출입 통제 시스템

병원에 새로 설치된 출입 시스템은 진료 공간과 비진료 공간을 완전히 분리해 버렸다. 흡사 과거 도성의 안과 밖을 구분하는 것 같다. 팬데믹이 종식 되더라도 한동안 유지될 비가역적 변화일 것이다.

2022년 팬데믹의 세번째 여름

생명으로 인도하는 문은 좁은 문이라고 했는데 응급실 문은 유달리 두껍고 좁아 졌다.
팬데믹의 세번째 여름이 지나간다.

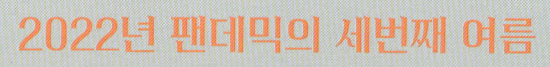

78 / 도시와 병원은 공간을 공유한다.

봉인된 피아노

어린이 병원 앞 실내 정원에 그랜드 피아노가 하나 있다. 팬데믹 이전, 점심 시간 마다 작은 음악회를 하곤 했는데 지금은 피아노가 봉인된 채 침묵을 지키고 있다.

이곳에서 피아노 소리가 다시 들린다면 팬데믹도 끝났다는 의미겠지?

공간

도시와 병원은 공간을 공유한다.

로트렉의 스케치북

드로잉에 재미를 붙일 무렵 로트렉을 알게 되었다.
19세기 파리에 살았던 로트렉은 밥벌이를 위해
물랭루즈 나이트 클럽의 포스터를 그렸다고 한다.
단순하면서 세련되고, 만화같이 재미있는 그림들은
나에게 흉내내기 좋은 소재들이었다.

로트렉 따라하기

물랭루즈의 캉캉 공연 포스터는 심플하고 멋지다. 백년 전 그림이지만 지금 벽에 붙여 놔도 사람들이 공연을 보러 올 것만 같다.

구강암을 주제로 학회 발표를 준비하면서 많은 사람들이 들으러 오길 바라며 로트렉을 따라해 보았다

물랭루즈 나이트

19세기 유럽 최고의 핫 플레이스 물랭루즈를 찾아가 보니 지금은 그냥 관광 나이트가 되어 있었다. 그래도 저녁까지 기다리면 스케치북을 옆구리에 끼고 나이트에 들어가는 로트렉을 만날 수 있을 것만 같다.

물랭루즈 뮤지컬을 보다

2023년 봄, 서울에서 물랭루즈 뮤지컬을 관람했다. 물랭루즈는 로트렉이고 로트렉은 물랭루즈였다. 그가 19세기 파리에서 가장 잘나가는 나이트 클럽에 죽치고 앉아 공짜 압생트를 얻어 마시는 댓가로 그려준 '오늘밤 특별 공연' 포스터는 지금은 물랭루즈 그 자체가 되었다. 로트렉의 포스터 그림들은 유쾌하고 신나지만, 한편으로 매우 어둡다.

지금 우리가 살고 있는 도시의 밤 풍경도 여전히 그렇다.

공간

도시와 병원은 공간을 공유한다.

혈관 연결을 위한
수술용 마이크로 스코프 커버링.
현미경을 통해 만나는
인체의 또 다른 모습.

나의 스케치북

도시에 살면서 자신의 일상을 그리려면 결국 소재는
자신의 주변에서 찾게 된다.
로트렉이 나이트 클럽이었으면, 나는 자연스럽게
병원 이었다.

도시 속의 도시

펠로우 면접을 보기 위해 처음 이 병원을 찾아 왔던 날...
지하철역에 내려 7000 세대가 거주하는 대한민국에서 세번째로 큰 초대형 아파트 단지를 지나 높은 제방에 올라섰다. 성내천 건너편으로 거대한 병원 건물이 모습을 드러냈다. 하루 수만명이 드나들고 수천명의 환자와 직원이 상주하는 이곳은 단순한 병원이라기 보다는 도시라고 부르는게 맞을 것 같다. 제방이 1/3, 한강이 1/3은 그리고 10 차선 도로 1/3이 이 작은 도시의 경계였다. 내 눈앞의 좁은 다리는 성내천을 건너 걸어서 병원으로 들어 갈 수 있는 거의 유일한 지점이다. 길목중의 길목이며, 요충지중의 요충지다. 보고 있으면 고대 전쟁사속 한 장면 같은 팽팽한 상상력을 자극한다. 2000년전 이곳의 지명이 풍납토성이라는 것이 과연 우연은 아닌가 보다.

따릉이

백제시대 풍납토성에
말이 달렸다면 지금은
자전거가 달린다.

92 / 도시와 병원은 공간을 공유한다.

CT station

오늘은 환자의 보호자가 되어 CT 대기실에 앉았다. 여러 대의 CT 기계가 모여 있는 이곳은 기차역의 대합실 같다.
수많은 사람들이 CT를 찍기 위해 모여 들었다가 각자의 병실과 수술장으로 흩어진다.

눈밭을 걷는 환자

이른 아침 진료실 뒤편 창문을 보니 밤새 눈이 쌓였다. 이런 이른 시간에도 사람들이 지나다닌 건지 이미 발자국들이 남아 있다.
롱패딩을 걸친 환자가 이미 만들어진 발자국을 되짚어 한걸음 한걸음 지나간다.

추워 보이지만 차분한 발걸음이다.

CS#39 이지후

사람으로 붐비는 길

지하 식당가는 점심 시간이 되면 수많은 사람들이 뒤섞인다. 마치 도시의 변화가 한 복판에 있는 것 같은 착각이 들기도 한다. 그러한 풍경은 사람들이 마스크를 착용하기 시작한 이후에도 큰 차이가 없다.

이송되는 환자

침대에 산소통을 붙인 채 환자가 이동한다. 병원 내부를 돌아다니다 보면, 침대 전체와 함께 이곳 저곳으로 빠르게 이동되는 환자들은 만나는 것은 흔한 일이다.

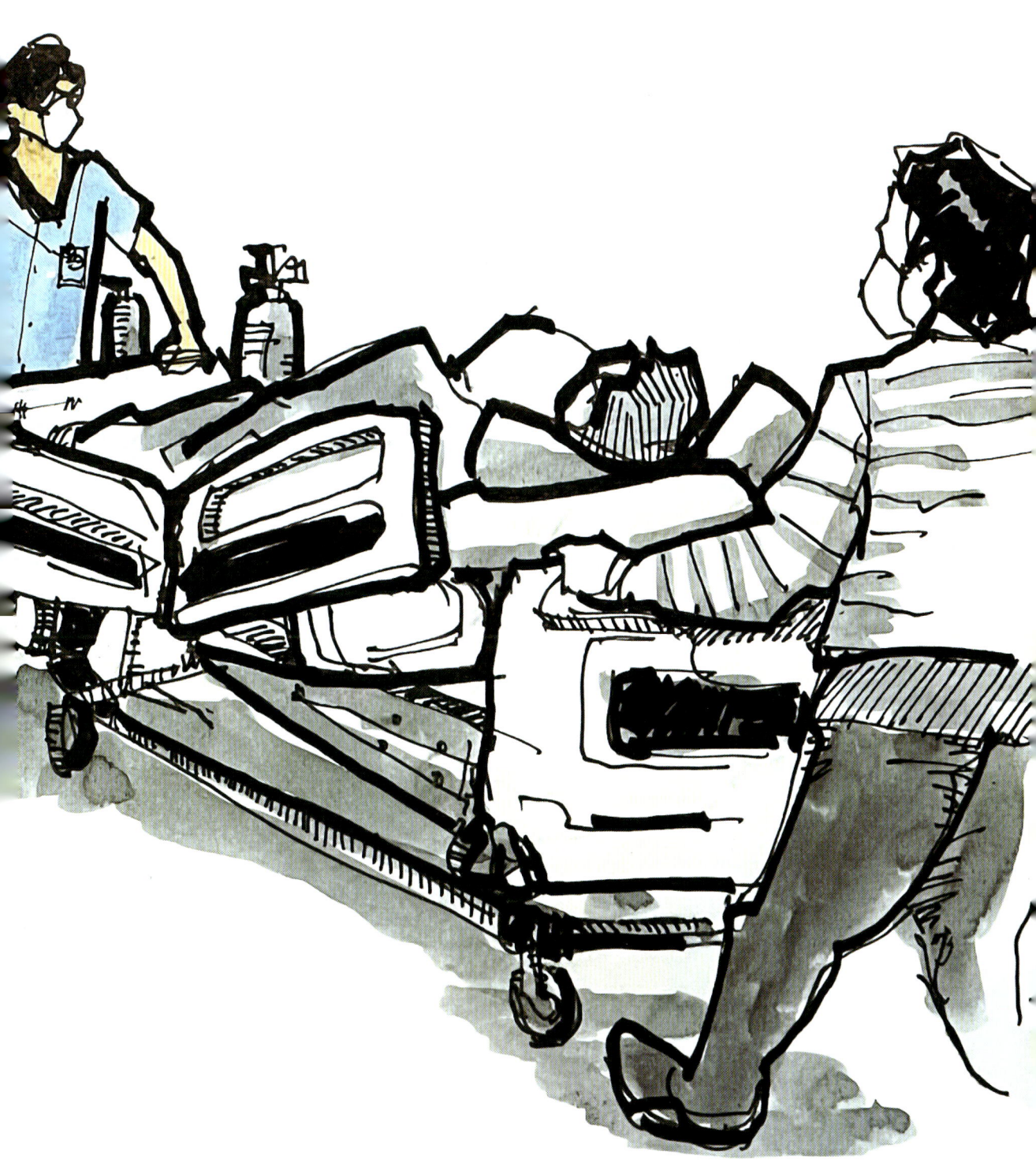

몸속의 길 1

수많은 길과 공간을 지나 환자가 수술장에 도착하면, 이제부터 사람의 몸속으로 난 길을 찾아갈 차례다. 가늘고 복잡한 길을 조명과 확대경에 의지해 조금씩 더듬어 간다.

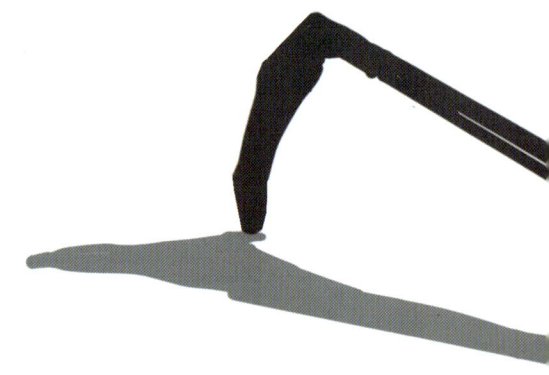

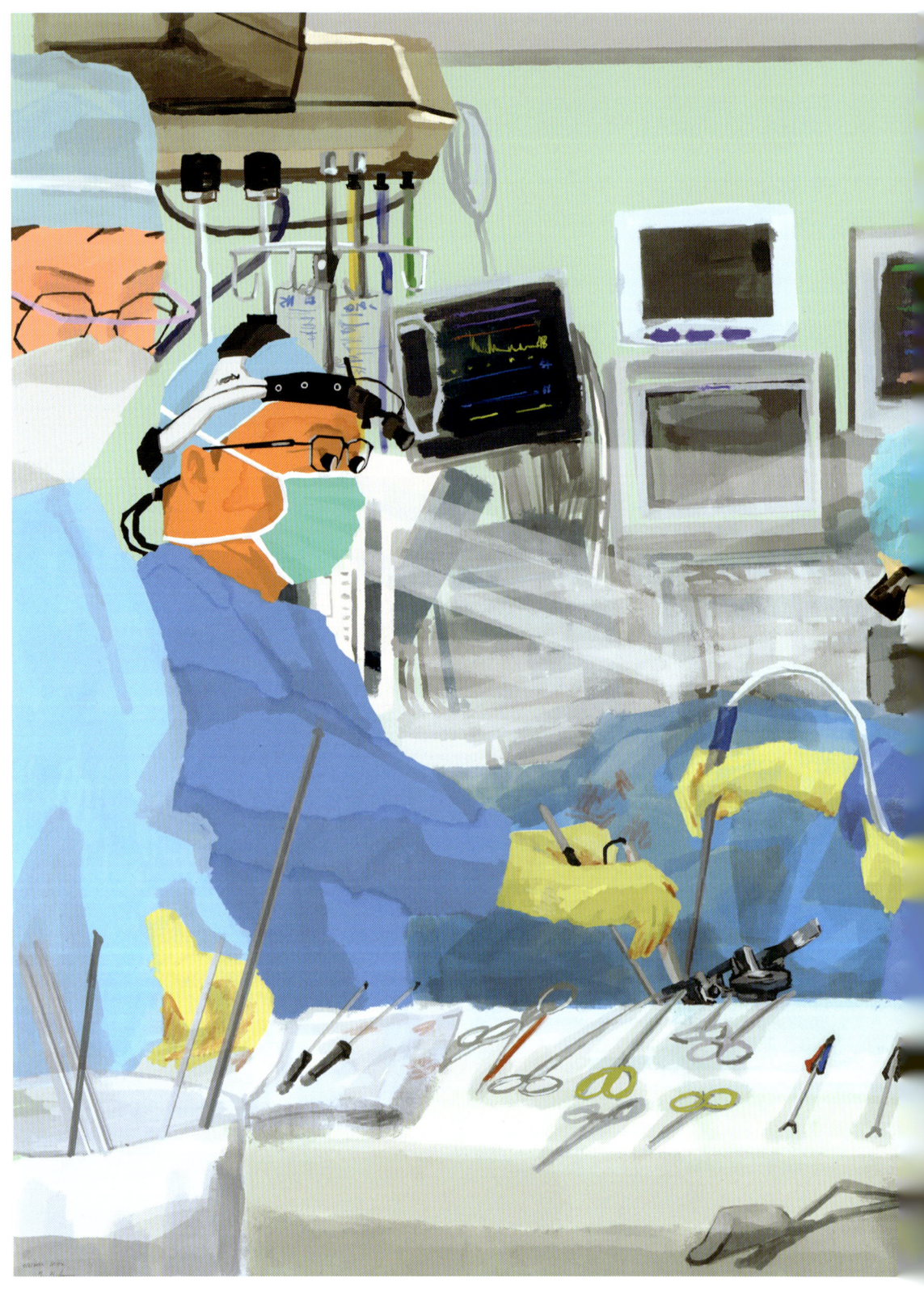

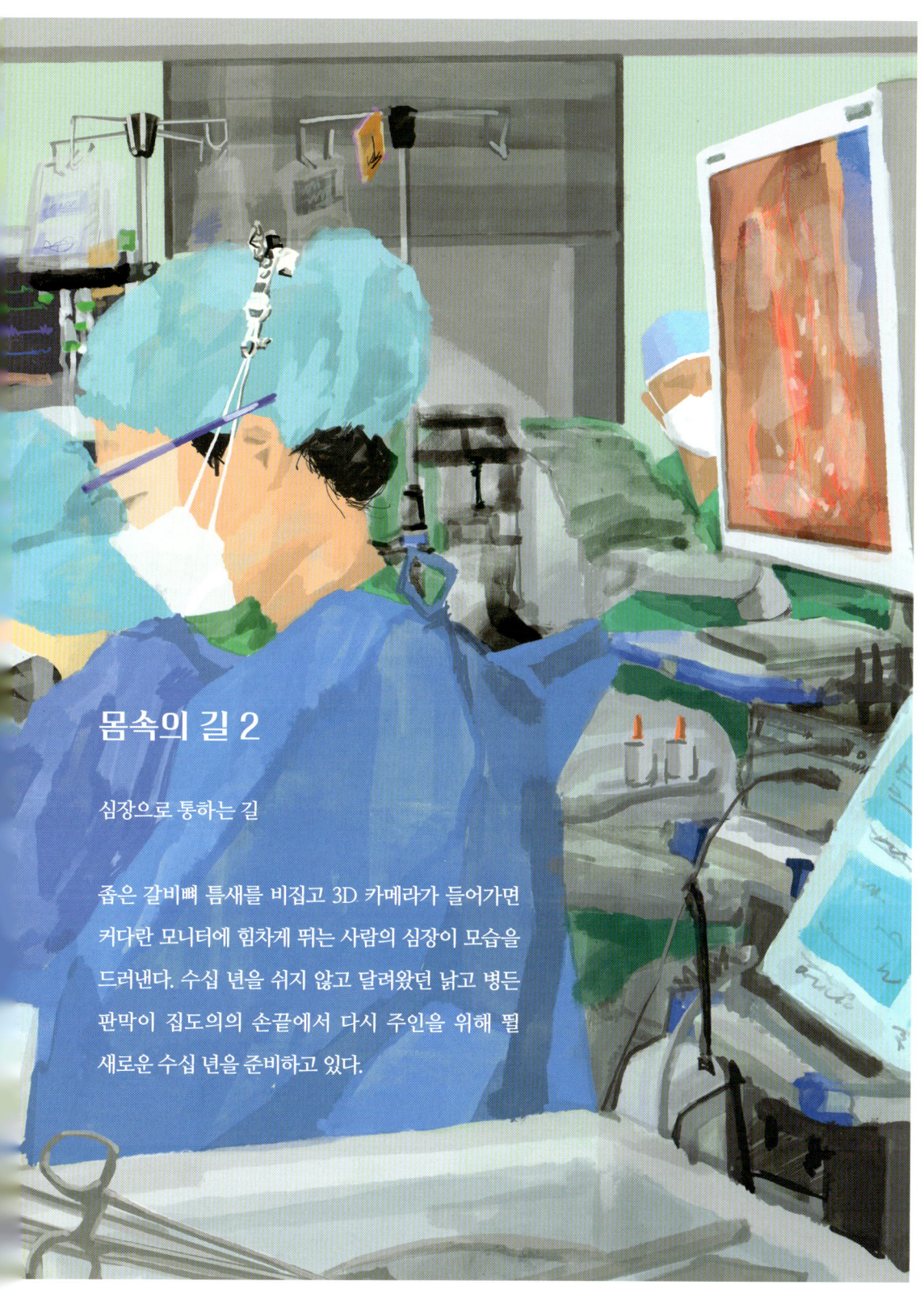

몸속의 길 2

심장으로 통하는 길

좁은 갈비뼈 틈새를 비집고 3D 카메라가 들어가면 커다란 모니터에 힘차게 뛰는 사람의 심장이 모습을 드러낸다. 수십 년을 쉬지 않고 달려왔던 낡고 병든 판막이 집도의의 손끝에서 다시 주인을 위해 뛸 새로운 수십 년을 준비하고 있다.

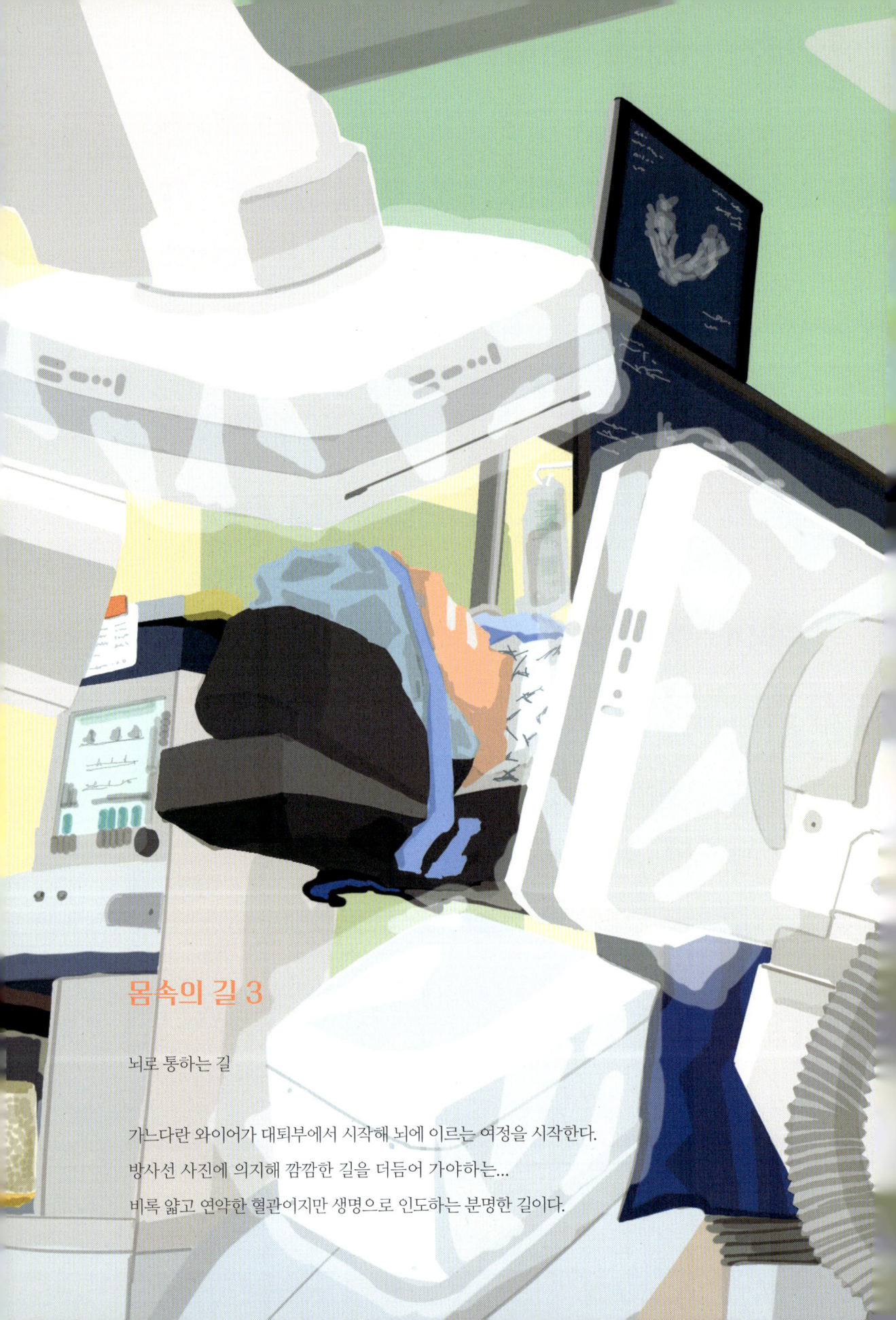

몸속의 길 3

뇌로 통하는 길

가느다란 와이어가 대퇴부에서 시작해 뇌에 이르는 여정을 시작한다.
방사선 사진에 의지해 깜깜한 길을 더듬어 가야하는...
비록 얇고 연약한 혈관이지만 생명으로 인도하는 분명한 길이다.

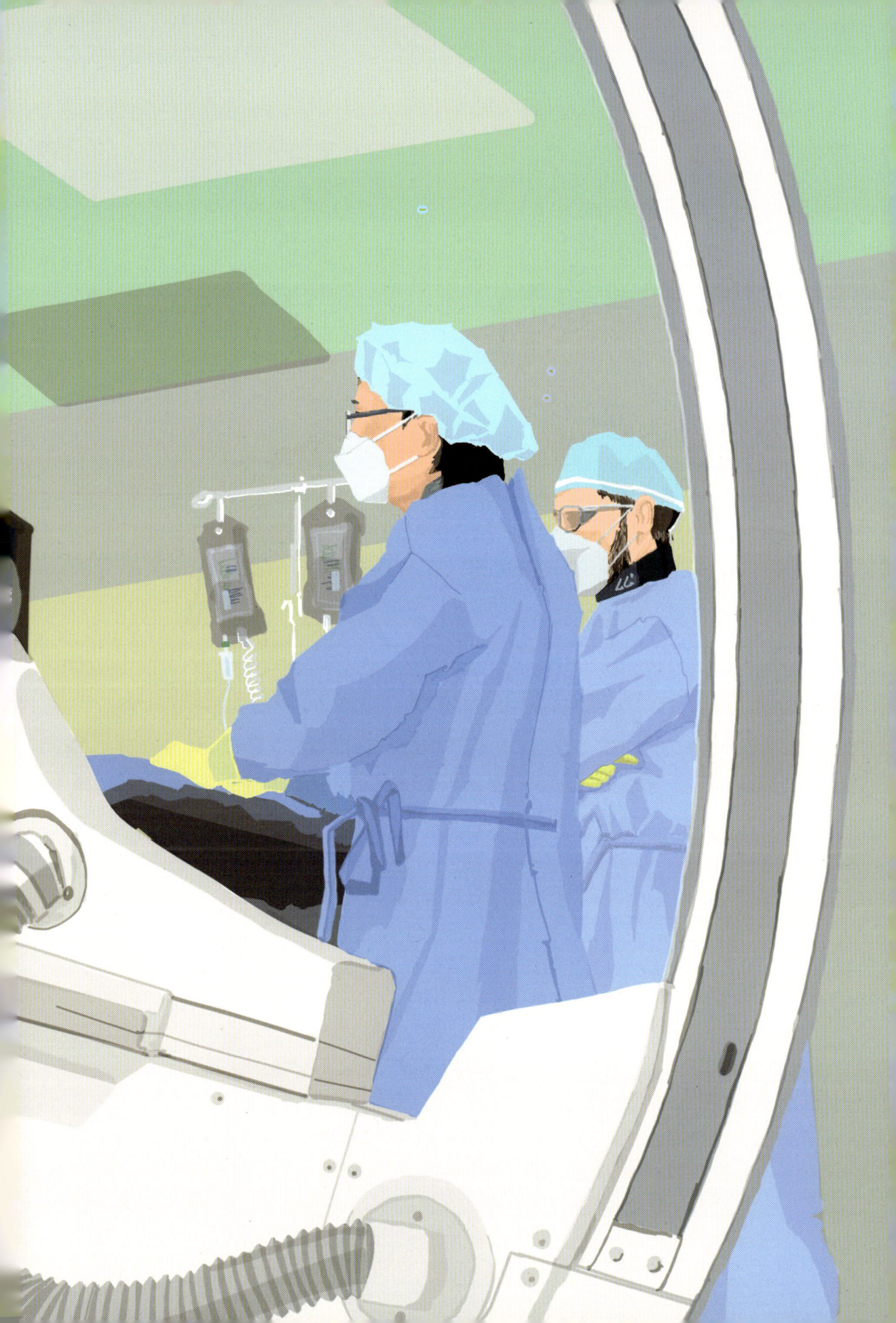

수술 현미경은 우주 탐사선이다

암과 함께 떼어낸 턱뼈의 빈자리에 새로운 조직을 이식할 시간이다. 끊어진 혈관이 연결되는 순간 이식된 살과 뼈에 붉은 피가 돌기 시작한다. 얽히고 설킨 혈관과 근육들의 모습은 현미경을 통과하면 거대하게 확대되어 외과의사에게 미지의 행성에 착륙한 듯한 착각을 불러 일으킨다.

창문으로 계절을 본다

아침부터 저녁까지 수술장에서 지내다 보면 시간이 어떻게 흐르는지 실감하지 못할 때가 있다. 가끔 창밖 풍경의 색깔이 변하는 것을 보고 계절이 변하는 것을 실감한다.

공간 / 111

공간

도시와 병원은 공간을 공유한다.

커피는 도시의 윤활유다

쌉싸름한 검은 갈색의 액체는 도시의 곳곳을
혈관처럼 타고 흐른다. 도시에 사는 우리는 이것 없이
단 하루도 살 수 없다.

드라이브 스루 커피

자동차는 기름을 마시듯 사람은 커피를 마신다.
늘어선 차량과 커피를 주고 받는 사람들의 모습은
좋은 그림 소재다.

커피는 자동차에 실려서 도시 곳곳을 흘러 다닌다.

스타벅스, 송파

고마워요 제롬 그리고 세이렌

토종 커피숍과 거대 프렌차이즈가 공존하는 도시의 골목
출퇴근 하는 사람들에 섞여 그 동네 가장 인기있는 커피를 마셔 보는 것은 여행지에서
일찍 일어나 부지런히 움직인 것에 대한 충분한 보상이다.

그레넬 거리, 파리

안에서 들여다 본 드라이브 스루

차에서 보면 한 사람이지만, 매장 안에서 보면 드라이브 스루 뿐만 아니라, 매장 주문과 테이크 아웃까지 소화하기 위해 세사람이 끊임없이 바쁘게 움직인다.

스타벅스, 송파

120 / 도시와 병원은 공간을 공유한다.

멀티플 에스프레소 머신

동시 다발로 커피를 뽑아내는 표준화, 대량생산, 최대의 효율
가장 도시적인 커피 생산 방식

북한산 빵집, 종로

병원 베이커리 카페

출근 길 아침,
갓 구워 나온 빵,
막 내린 커피 냄새는
기분을 들뜨게
만든다.

지하 1층,
서울아산병원

커피 맛집으로 가는 길

프랜차이즈 커피는 도시의 중심지에 있지만,
지역의 유명한 커피 가게는 의외로 구석진 곳에서
만나게 된다.
골목골목을 돌아 검색으로 찾아 가는 길…

바르셀로나, 스페인

드디어 찾아낸 Café el Magnifico

유명세에 비해 소박하다. 여기서 여러번 와봤다는 한국 사람들을 만났다. 덕분에 괜찮은 커피를 소개 받아 마셔 볼 수 있었다. 마시기 시작한지 불과 100년, 대중화 된것은 불과 몇십년 이지만, 한국 사람들의 커피에 대한 열정은 수백년 째 마시는 유럽사람들 못지 않다.

바르셀로나, 스페인

차(茶)를 바치다

지금은 없어 졌지만, 공차(貢茶)는 병원 직원들에게 인기가 많았다.
굳이 커피가 싫다면 차는 훌륭한 대체제이다. 차(茶)를 바친다(貢)는 이름에
정성이 느껴져 맘에 든다.

지하 1층, 서울아산병원

이면도로를 따라 흐르는 커피

사람이 많이 다니는 이면도로에 카페와 음식점이 늘어서는 것은 세계 어느 도시나 공통점인 것 같다. 여행자에게 충분한 먹을 거리, 볼거리 그리고 그릴 거리를 제공한다.

클레르 거리, 파리

전기, 통신 그리고 커피

지금은 당연하지만 무제한 공짜 전기 콘센트와 무료 와이파이는 도시에서 카페를 번성하게 만든 일등공신이다.

어디서나 빵과 커피를 파는 폴

프랜차이즈의 장점이라면 일단 어디에서도 일정한 맛은 보장한다는 것이다. 나는 이런 곳이 오히려 반갑다. 일단 몇개의 익숙해진 메뉴를 정하고 마주칠 때 마다 이용하면 적어도 중간 이상은 보장해 주니까.

서울에서는 어디서나 볼 수 있는 파리바게뜨가 정작 파리에는 없다. 대신 파리는 그 자리에 폴이 있다. 수많은 여행객들이 모이는 리옹역에서도 폴을 만날 수 있었다.

익숙한 맛의 빵과 커피를 하나씩 산 다음 자리 잡고 기다리는 사람들을 그려 본다. 폴의 커피는 이 사람들을 타고 여러 도시로 흘러 나갈 것이다.

리옹역, 파리

눈 오는 밤과 커피

미국에서 근무하던 연구소에서 북쪽으로 1000 킬로미터 떨어진 곳까지 차를 몰고 왔다. 호텔에 도착했을 땐 이미 늦은 밤이라 땅은 눈이고 하늘은 별이었다.

새벽에 일어나 보니 길 건너편의 검은 건물은 미국에 살면서 친숙해진 프랜차이즈 빵집이었다. 낯선 곳에서 만난 익숙하고 따뜻한 빵과 커피 덕분에 안도감이 생기는 아침이었다.

파네라, 이리호, 미국

공간

도시와 병원은 공간을 공유한다.

하늘과 타워, 그리고 광장

멀리서 도시를 바라보면 하늘과 광장, 그리고 그것을 지지하는 듯한 거대한 타워가 보인다.

이들이 만들어 주는 공간에 건물이 들어서고 사람들이 다니면서 시간이 흐르기 시작한다.

붉은 하늘과 몽마르뜨 언덕

저녁 무렵, 몽마르뜨 언덕에서 파리를 내려다 보는 것은 인상적인 체험이었다.
거대한 노을과 그림자로 수평 분할된 도시는 이쪽과 저쪽이 서로 별개의
세상인 것만 같다.
하지만, 언덕 아래 도시에 사는 사람들에게 밤은 곧 공평하게 찾아 올 것이다.

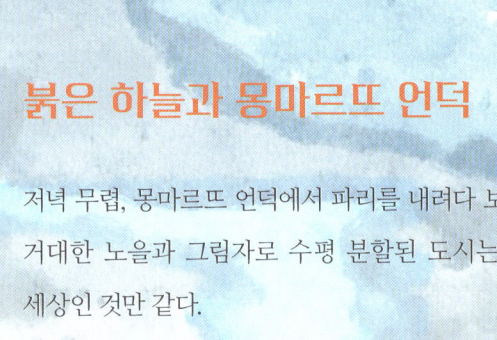

병원에서 바라본 붉은 하늘

이곳이 한강을 내려다보는 서울의 어느 병원 옥외 공원이라는 것만 제외하면 저녁 하늘의 색깔은 몽마르뜨와 크게 다르지 않다. 노을을 보고 나면 밤이 찾아 오는 것은 파리에 사는 사람에게나 서울에 사는 사람에게나 모두 공평하다.

전신주에 걸쳐진 저녁 하늘

윈스턴 세일럼은 첨단 연구소와 의과대학이 이 도시에 있다는 게
실감이 나지 않을 정도로 전신주와 오래된 집들이 많다.

흐린 날 저녁, 짧은 순간이지만 붉은 하늘 아래 도시 풍경은
100년 전에 시간이 멈춰 버린 것 같은 느낌을 준다.

주문진항의 저녁

항구 도시의 저녁 하늘은 바다와 어선의 불빛 그리고 주변 건물 네온사인으로 멋진 풍경을 만들어 낸다. 하지만, 그 순간은 무척 짧다. 가방 속의 아이패드를 꺼내 펜을 부지런히 움직여야 하는 이유다

미술관 위로 밤하늘

하라주쿠의 변화가에서 한 블럭 들어오면 조용한 주택가에 저택이 하나 보이는데 바로 오타 기념 미술관이다. 일본 동방생명보험의 오타 세이조 회장이 생전에 모았던 우키요에 12000점이 소장되어 있다.

찾아갈 때 마다 문닫기 직전의 저녁 시간이다. 밤 하늘 아래 미술관의 풍경이 오히려 한 폭의 우키요에 같다.

오타 기념 미술관, 도쿄

金魚　加藤英舟（1873〜1939）
大正期榛原木版団扇絵より。加藤英舟は花鳥動物を得意とした日本画家。
東京榛原製　不許複製　HAIBARA® Printed in Japan

눈 내리는 밤 하늘

여행 중 얻은 엽서에 그린 도쿄 교외의 밤 풍경
가지고 있는 도구가 없어서 호텔에 비치된 사인펜으로 그렸다.

연구실에서 바라본 도심의 하늘

120층이 넘는 거대한 탑은 병원이
도시의 일부라는 것을 알려 주는 것 같다.

도시의 주인공이 된 타워

유람선에서 바라본 에펠탑
사실은 거대한 고철 안테나지만, 위치 선정과
조명으로 '에펠탑' 이 되었다.

에펠탑 마주보기

나의 그림 실력으로는 에펠탑이 아니었다면 이곳이 파리라는 것을 알아 볼 사람은 거의 없을 것 같다.

그만큼 파리에서의 에펠탑은 강렬한 존재감을 가진다. 나같은 아마추어 들에게는 다행스러운 일이다.

160 / 도시와 병원은 공간을 공유한다.

앵발리드

앵발리드 군사 박물관
에펠탑이 등장하기 전까지 높이 107 미터의 이 바로크 양식의 건물은 파리를 대표하는 타워였다. 게다가 나폴레옹의 시신도 안치되어 있기 때문에 도시의 랜드마크라 할 만 했을 것이다. 지금은 에펠탑과 루브르, 오르세 미술관 등이 워낙 유명 하다보니 비교적 한산하다.

시대의 흐름에 대표 자리를 내어 줄 수 밖에 없었나 보다.

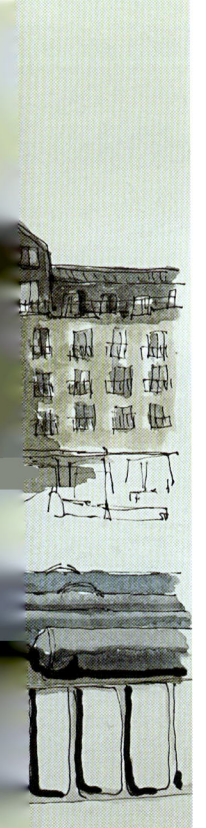

산타마리아 델 피오레 대성당

르네상스 시대의 걸작 건축물 위에 올라 꽃의 도시 피렌체를 내려다 본다. 주황색 지붕의 하얀 집들이 오밀조밀 모여 있는 도시의 풍경은 정말 꽃밭 같아 보인다.

사그라다 파밀리아, 성가족 대성당

바르셀로나의 건축가 가우디의 걸작

그림을 그렸던 2019년 당시에도 공사 중이었지만, 이미 이 타워는 도시 그 자체가 되어 있었다. 과거에는 종교적 열정이 타워를 건설하는 동기라면 지금은 부동산업이 그 자리를 대신한 것 같다.

동기가 무엇이든 타워는 변함없이 도시의 하늘을 지탱한다.

경주 첨성대

40년 전 할아버지 댁에 놀러가면 자전거 타고 한 바퀴 돌곤 했던 허허벌판의 유적지였는데, 지금은 주변이 깔끔한 공원으로 정비되어 있다.

신라시대 경주는 기와집이 즐비하고 숯으로 밥을 해먹는 부유한 도시 였다고 한다. 얼마나 높고 화려한 건축물들이 있었는지는 남아있는 게 거의 없으니 알 수는 없지만 저 고대의 천체 망원경으로 세련되고 깔끔한 고대 도시를 상상할 뿐 이다.

cheomseongdae 10/31/21 #05 22
이지은

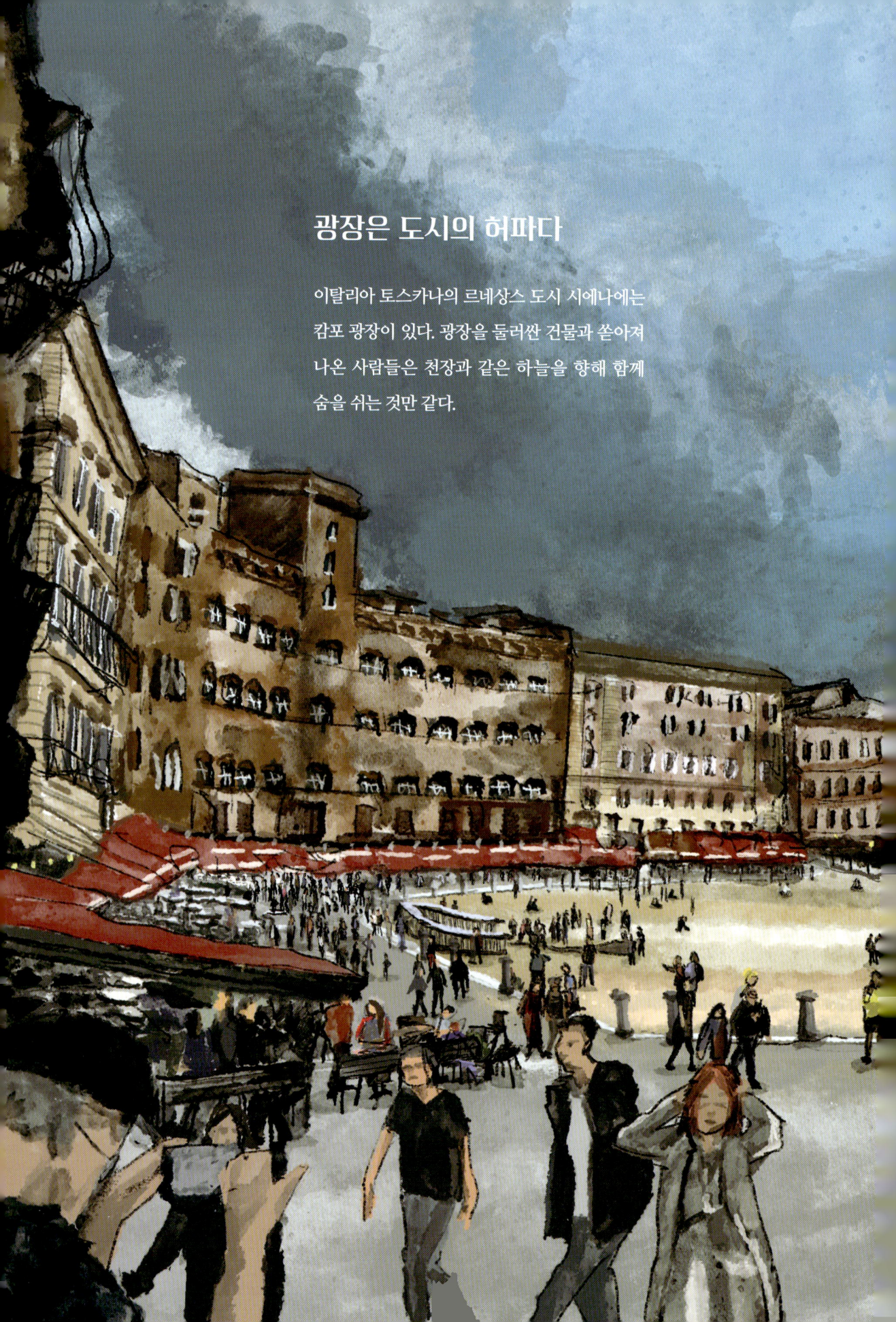

광장은 도시의 허파다

이탈리아 토스카나의 르네상스 도시 시에나에는 캄포 광장이 있다. 광장을 둘러싼 건물과 쏟아져 나온 사람들은 천장과 같은 하늘을 향해 함께 숨을 쉬는 것만 같다.

광장을 품은 병원

병원 로비도 나름의 광장이다. 제한된 공간을 최대한 활용하는 곳이 병원이지만, 로비에 있어서는 관대하다. 복층으로 커다란 개방 공간을 허용하고 수많은 사람의 이동을 집중시킨다. 때로는 계절에 따라 장식이나 공연으로 도시의 광장처럼 작동한다.

172 / 도시와 병원은 공간을 공유한다.

광화문 광장, 2017년 여름

드로잉에 재미를 붙이기 시작할 무렵, 주로 광장을 소재로 삼았다. 시간이 걸리긴 하지만, 시시각각 움직이는 사람과 자동차, 복잡하게 중첩된 건물들을 관찰하고 스케치북에 옮기는 것은 초보자에게 충분한 연습이 되어 주었다.

오랫만에 만나 모델이 되어 준 인내심 많은 친구들에게도 감사한다.

광화문 광장, 2023년 봄

코로나 팬데믹이 잦아 들고 사람들이 마스크를 벗기 시작한 2023년 봄, 광화문 광장에 스케치북을 들고 나갔다.

다시 활기찬 모습을 보이기 시작한 도시처럼 붓질도 조금씩 자신감을 되찾기 시작한다.

광장의 주인 1

트라팔가 광장엔 넬슨
광화문 광장엔 이순신

그러나, 당연하겠지만, 한국과 영국은 그때나 지금이나 많이 다르다.

트라팔가 광장으로 들어가는 길, 런던

광장의 주인 2

구국의 영웅 말고도
광장을 드나드는
평범한 사람들이 그곳을
살아 움직이게 한다.

내가 스케치를 하던 날,
트라팔가 광장의 주인공은
버스킹을 하던 무명의
밴드와 옆에 앉아 장단을
맞추던 비디오 게임
'메탈 슬러그'에 등장
하는 캐릭터를 닮은 어떤
할아버지였다.

180 / 도시와 병원은 공간을 공유한다.

두오모 광장, 밀라노

여행하다 버스킹을 만나면 횡재한 기분이다. 무명이라도 나에겐 그냥 기분상 머리가 길면 커트 코베인이고, 짧으면 노엘 겔러거다.

전철역, 파리 도심

이른 아침 파리 시내 전철역

전철역 앞의 넓은 곳도 도심에서 작은 광장 역할을 한다. 수많은 사람들이 모이고 흩어진다. 지금은 한적하지만, 곧 출근하는 사람들로 북적일 것이다.

개선문, 파리

개선문은 거대한 로터리이면서 광장이다.
건너편에 앉아 사람, 버스, 건축물에 양각된
조각상들을 그리는 것은 즐거운 일이다.

가죽 제품 재래시장, 피렌체

시장과 광장은 경계가 모호하다

피렌체 대성당에서 기차역으로 통하는 골목길에 가죽 제품을 파는 재래시장이 있다. 나를 보고 '가죽, 가죽' 그러는 거 보니 이미 수많은 조선인들이 다녀갔나 보다.

여행객에게 재래시장은 득템 혹은 바가지, 둘 중 하나만 존재하는 곳 같다.
게다가 상대는 역사와 전통에 빛나는 이탈리아 상인 아닌가?
(사실 장사하는 사람들은 인도나 파키스탄 쪽 사람들 같아 보인다.)
그래도 벨트는 꽤 괜찮은 가격에 하나 구매했다.

사람

공간의 주인공은 사람이다

일터에서 만난 사람들

병원은 나의 일터이다. 일터에서 만나는 사람들은
나의 어반 드로잉을 위한 고마운 모델들이다.

자화상 1

수술이 늦게 끝난 날

늦은 밤 갱의실 거울에 비친 내가 무척 낯설다.
자화상으로 한번 남겨 볼까 ?

80년 전 어떤 시인은 우물에 비친 자기 모습이
미웠다가, 불쌍했다가, 다시 그리웠다가 그랬다는데...
내 눈엔 그냥 지친 현대인이다.

다만, 피곤해 보이는 눈은 어떻게 그려야 할 지 잘 모르겠다.

해산 1/75초 전

외래 단체 사진을 찍었다.

거대한 시스템은 각 구성원에게 제한된 공간과 시간을 할당한다. 따라서, 단체사진을 남기는 것은 쉽지 않다. 적당한 장소도 없으니 그냥 환자 대기실에 잠깐 모인다.

사진이라는 것이 원래 찰나의 기록이다. 공교롭게 한 찰나는 1/75 초라고 하니 일반 조명의 카메라 노출 시간과 거의 비슷하다. 그 짧은 시간이 지나자마자 사람들은 각자의 위치로 흩어진다.

수술실 앞의 전공의들

출근부터 퇴근까지 나와 가장 많은 시간을 보내는 사람들이다.
그들은 나의 과거이고 난 그들의 어떤 미래다.

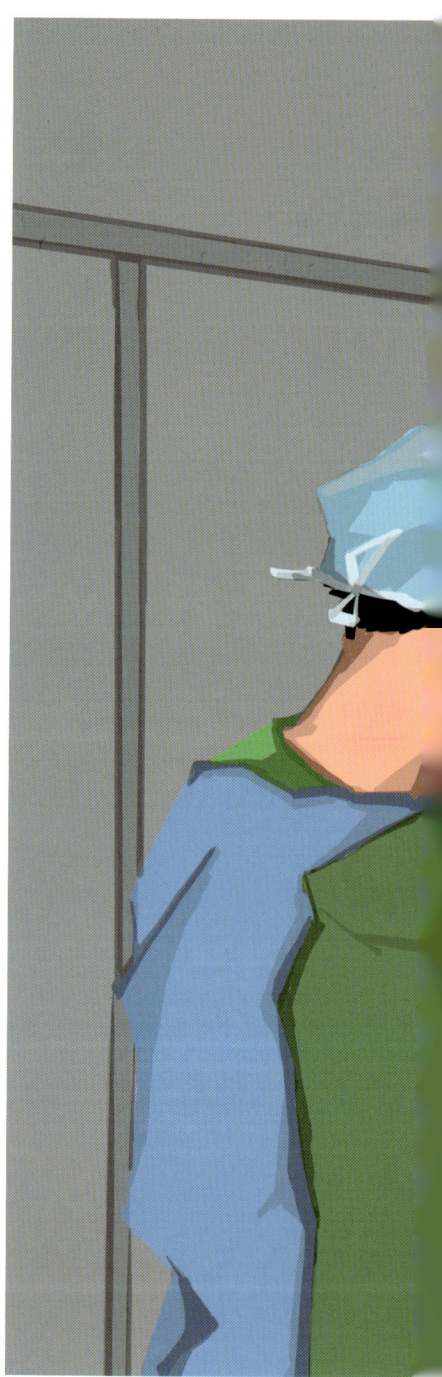

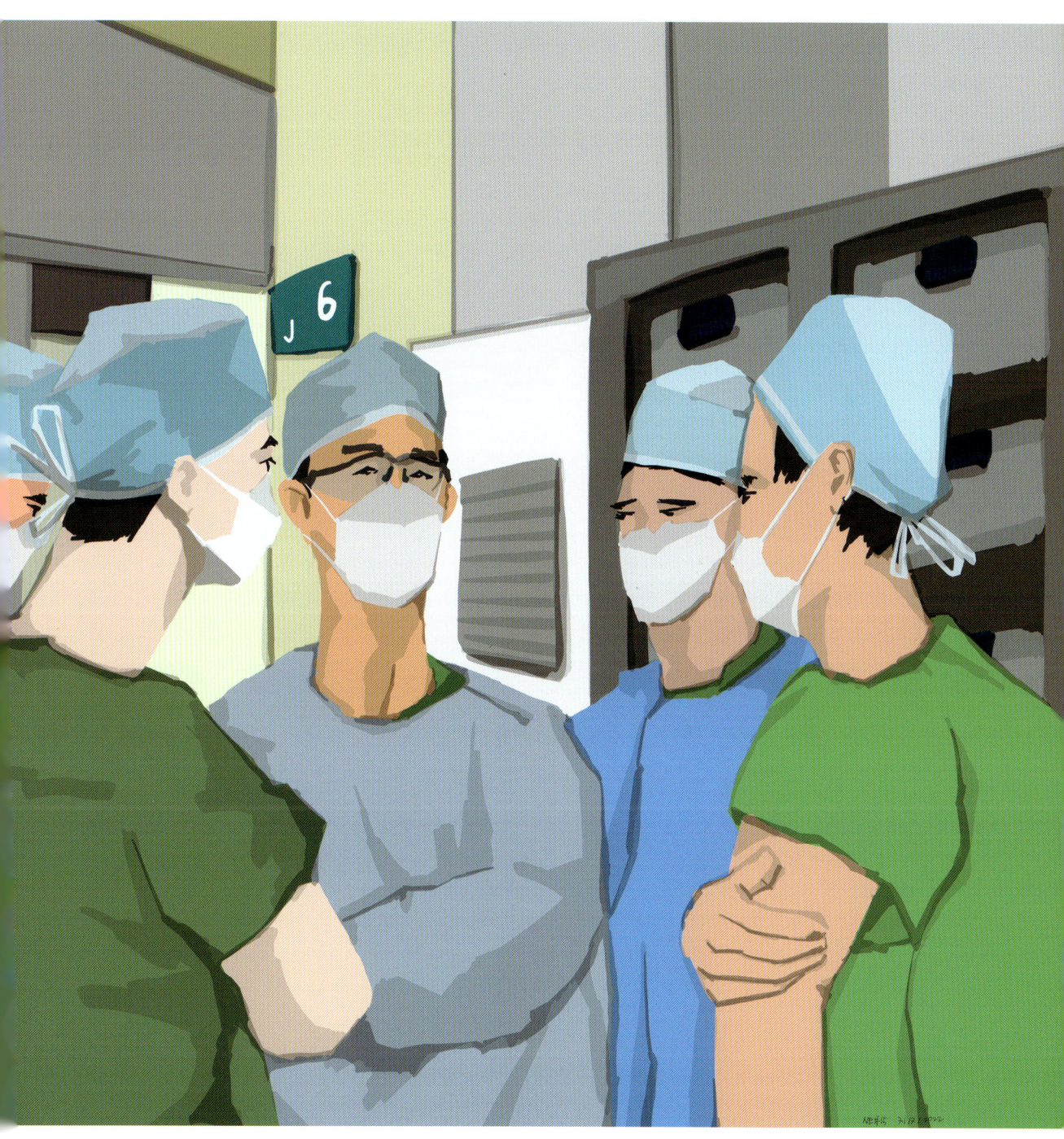

사람 / 197

레지던트 면접

아드레날린 펌핑의 순간

면접은 사회 초년병들이 도시에서 자기 자리를 찾아가는 첫 관문이다.
고독해 보이는 저 검은 의자도 한때는 내 자리였다.
마주앉은 사람들의 손에 들려 있는 한두장의 이력서는 차분하게
정장을 차려 입은 저 남자의 30년 인생의 자서전이다.

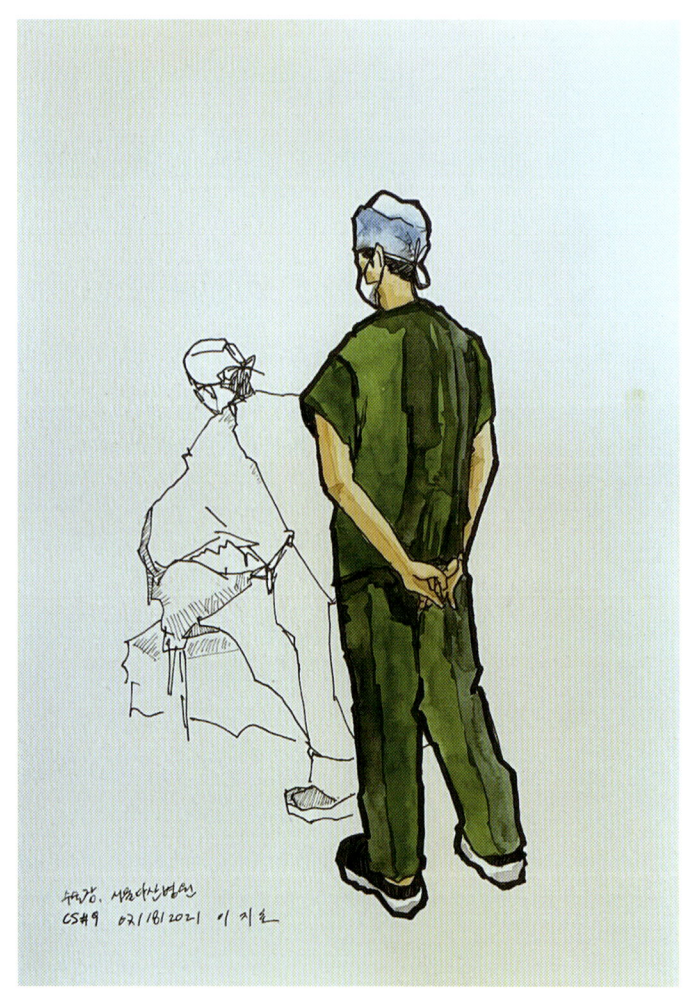

첫 출근

익숙해 지는데 시간이 필요하다.

3월이 되면 사람이 바뀐다. 나간 사람들의 빈 자리는 들어온 사람들의 것이다. 아침 수술장에서 서있는 자세와 손모양이 이제 막 새로 들어온 사람이라는 것을 알게 한다. 그래도 어느 정도의 시간과 경험은 자연스러운 표정과 자세, 손모양을 만들어 낸다.

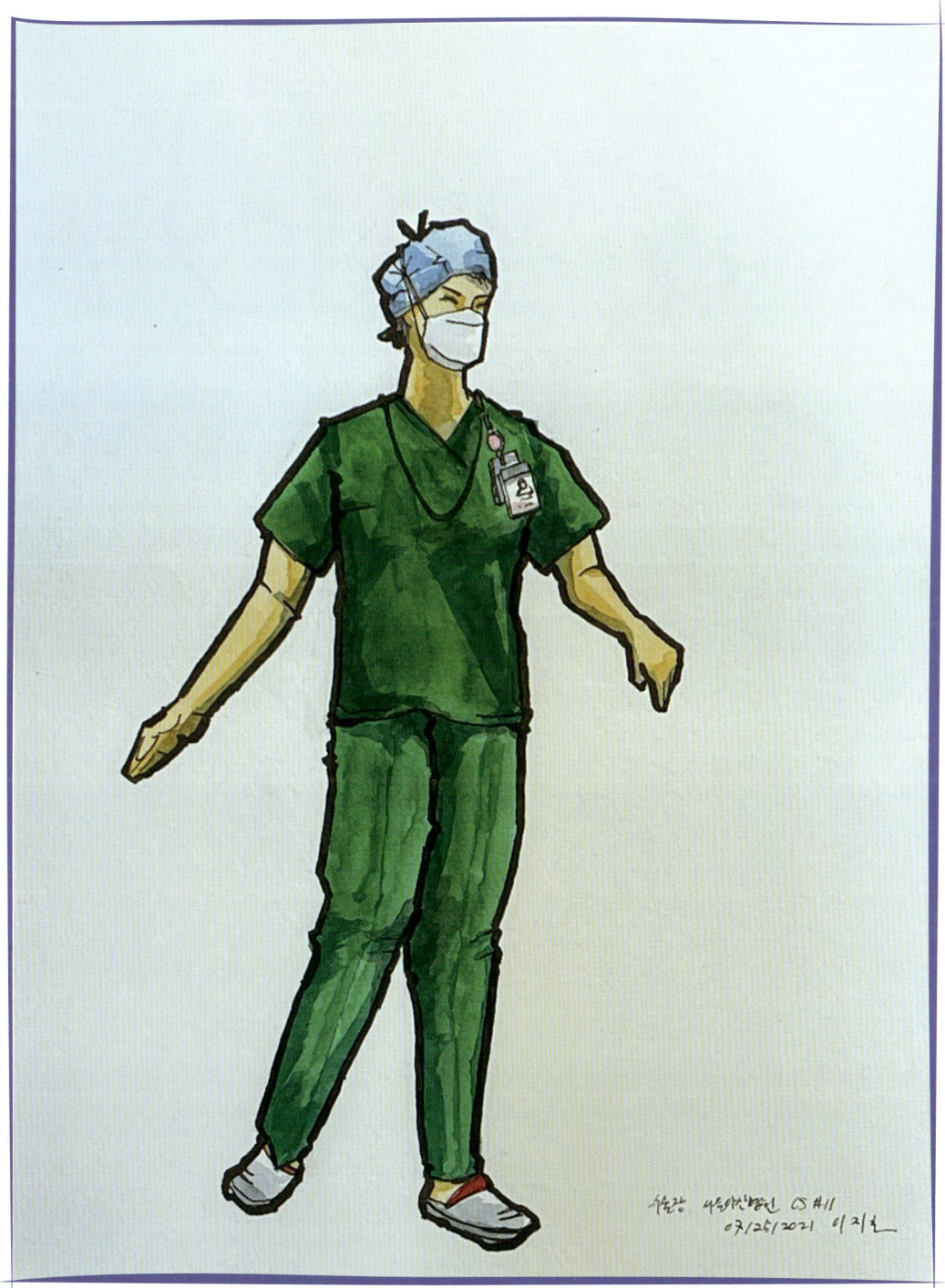

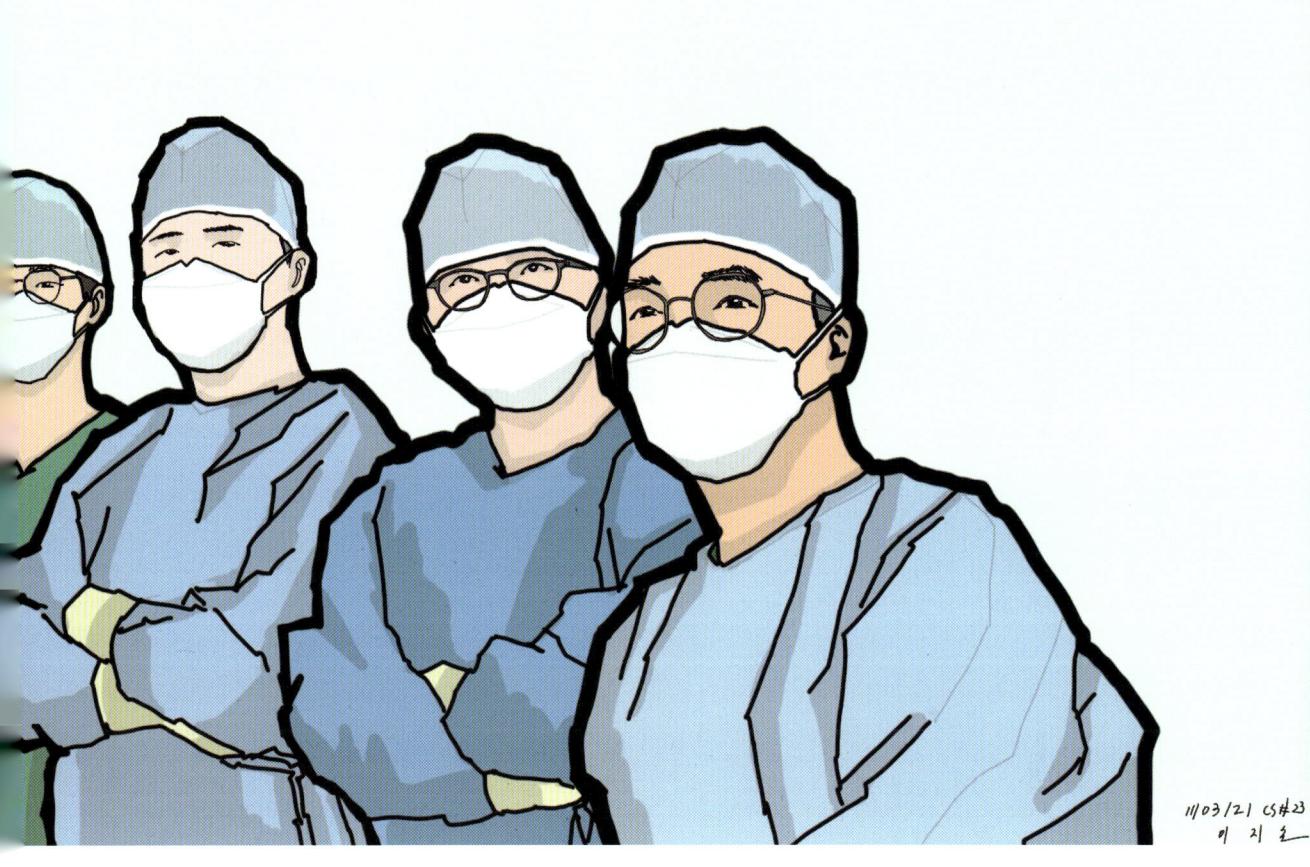

마지막 출근

치프 레지던트 김모와 이모가 수술장 동료들과 함께 사진을 찍자고 했다.

오늘 근무를 끝으로 둘 다 전문의가 되어 병원을 떠날 것이다.

테블릿에 그림으로 옮기면서, 그들의 면접, 첫 근무 당시 긴장과 설레임의 순간이 떠오른다.

잘 먹을 수 있다는 축복

구강암을 뜯어내고 복원하는 수술을 받은 환자들은 한동안 잘 먹지 못한다.
너무 당연한 일상의 한가지 능력을 상실하는 것은 보통 사람의 상상보다 훨씬 고통스럽다.

10여년 전 황해라는 영화에서 주인공의 먹방은 두고두고 회자되는 명장면으로 남았다.
구강과 턱을 수술하는 입장에선 인상깊게 볼 수 밖에 없었다.
주인공의 비극적 최후와 별개로 먹는 모습 하나만은 정말 원초적이고 생명력 넘치는 강렬한 장면이었다.

206 / 공간의 주인공은 사람이다.

자화상 2

해변의 별이 된 왕년의 락스타

환자가 아무 말도 하지 않았지만 시간이 지나고 보면 삶에 관해 묵직한 이야기를 들려 주었다는 것을 알게 되는 경우가 있다. 가령 죽음이 어른거리는 질병 앞에서는 가족과의 오래된 원망도 깃털처럼 가벼워 질 수 있다는 것을...
편히 쉬시기를 기도합니다.

두번째 자화상엔 눈을 그려 넣기로 했다.

옥상정원

병원에 찾아온 친구와 함께 점심 식사를 했다. 각자 손에 커피 한잔 씩 들고 병원 옥상정원에 올랐다. 한강 너머 강북의 도시 풍경이 보인다. 도심의 여름은 무덥지만, 강에서 불어 오는 바람은 시원하다.

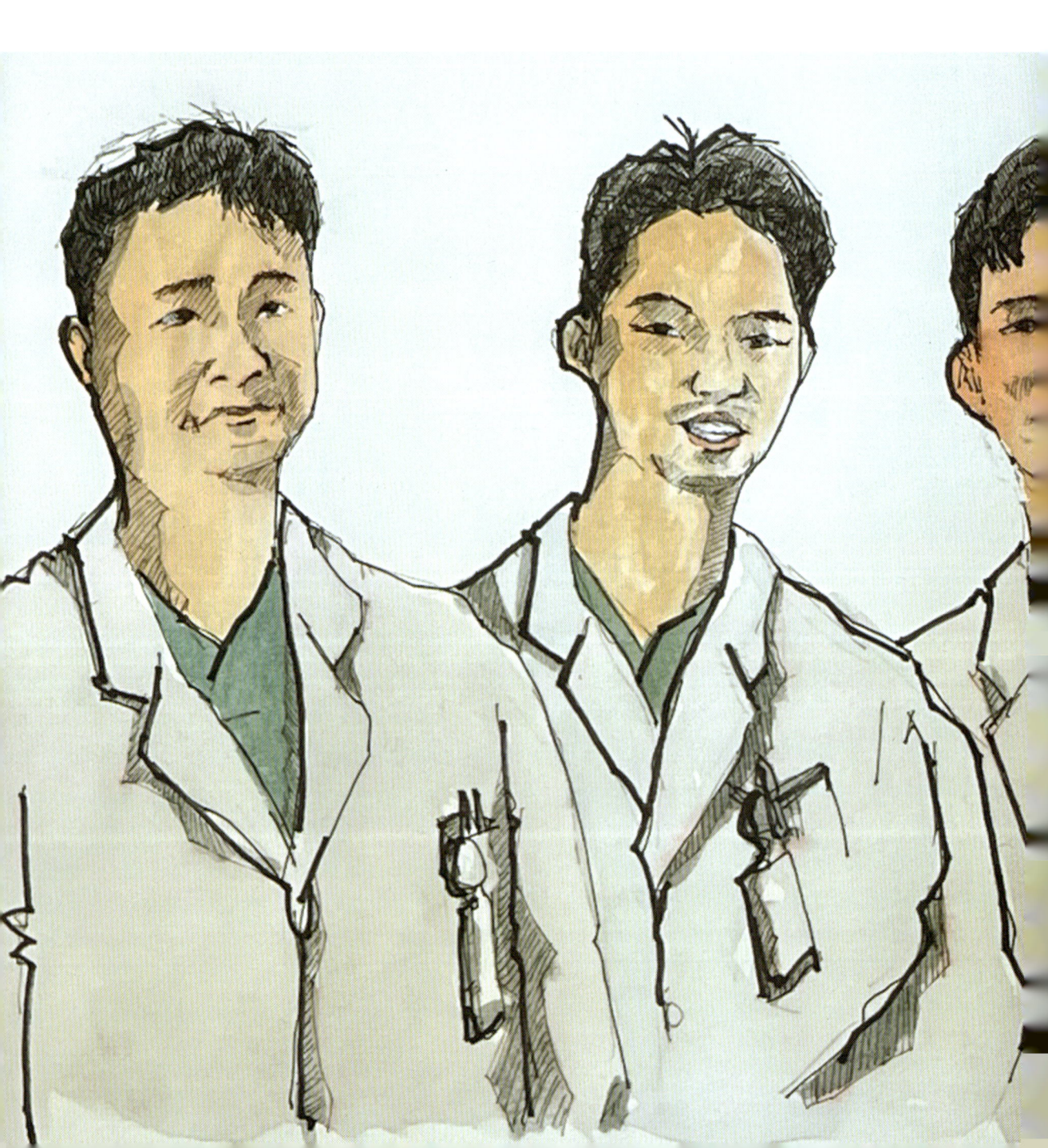

자화상 3

스승의 날이라고 전공의들이 연구실에 찾아 왔다.
고마우면서도 한편으로 더욱 열심히 해야겠다는 생각이 든다.

다음 10년 후엔 좀더 나은 자화상을 그릴 수 있었으면 좋겠다.

사람

공간의 주인공은 사람이다

시간을 공유한 사람들

지난 시간을 함께 한 사람들을 펜으로 소환해
내는 것은 과거를 통해 오늘을 읽어내는 작업이다.

그들의 모습이 사진에서 그림으로 옮겨지는 과정에서
나의 기억과 시각이 덧입혀진다.

그 시절 동기의 등을 보다

레지던트 1년차 시절 쏟아지는 업무에 익숙해지면 밤과 낮의 구분은 금방 사라진다. 지금은 컴퓨터 시스템으로 대체된 수북하게 쌓인 종이 차트와 방사선 필름이 아니라면 그 시절이나 지금이나 크게 다르지 않은 풍경이다.

진평분육 (陳平分肉)

초한전쟁에서 진평은 유방 밑에서 전략가로 활약했다. 장량이 전쟁에서 큰 판을 짠다면, 세세한 전략과 권모술수는 진평의 몫이었다. 그는 어려서부터 재주가 남 달랐던 모양이다. 고대 중국에서 제사를 지내고 남은 고기를 사람들에게 적절하게 나누어 주는 것이 매우 중요한 일이었다. 젊은 시절 진평은 이런 일을 잘해서 사람들이 좋아했다고 한다. 나중에 유방이 승리하고 진평은 한왕조의 재상의 자리까지 오른다. 재상(宰相)의 재(宰) 또한 고기를 잘 다룬다는 의미라고 한다. 단순히 불만이 없도록 고기를 나눠주는 것 이상으로 여러 사람 간의 이해관계를 조정하고 공정하게 처리하는 것이 진평분육 (陳平分肉)이라는 고사성어로 남은 것이 우연은 아닐 것이다.

전공의 시절, 수술 스케줄 관리는 돌아가면서 맡는 업무였다. 수술 전 검사, 환자 건강상태 확인, 일정 통보 등은 기본이고 집도의, 환자, 마취과, 수술간호팀, 동료 전공의들이 모두 만족할 수 있는 최적의 스케줄을 짜는 것이 가장 중요한 업무였다.

하루 종일 울리는 스케줄 전용 휴대 전화기와 수술 일정에 관한 정보가 빼곡히 적힌 장부를 들고 병동, 수술실, 외래를 뛰어 다녀야 했다. 엄청나게 쏟아지는 신규 수술 환자의 정보를 소화하고, 기존 환자와 관련된 각종 돌발 변수를 해결했다. 수술 일정과 관련된 여러 직군 간의 이해 관계도 조정해야 했으니 업무 강도와 스트레스는 정말 엄청났다. 차라리 하루 종일 수술방에 있거나, 외래 환자를 보는 것이 훨씬 마음 편한 일이었다.

늦은 밤 의국으로 스케줄 담당 후배가 전화기를 귀에 낀 채로 장부와 노트북을 들고 들어온다. 1년 전 나의 모습이 오롯이 겹쳐진다. 그 모습을 사진으로 찍어 두었다가 20년이 지나서 휴대 전화기 앱으로 그렸다.

천하의 2인자로 세상을 경영하는 재상에 비할 바는 못되지만, 지금 생각해보면 스케줄 전공의는 엄청난 정보를 껴안고 처리해내야 하는, 병원의 진평이 되도록 요구 받는 자리였을 지도 모르겠다. 꼭 병원이 아니더라도 고대나 현대 사회나 여러 사람의 이해관계의 중간에 선다는 것은 쉽지 않은 일이다.

몇 년 후, 스케줄 업무만 전담하는 인력을 따로 고용했다고 들었다. 후배들은 좀더 개선된 환경에서 전공의 생활을 하고 있을까? 언젠가 인공지능이 이 업무를 대체할지도 모를 일이다.

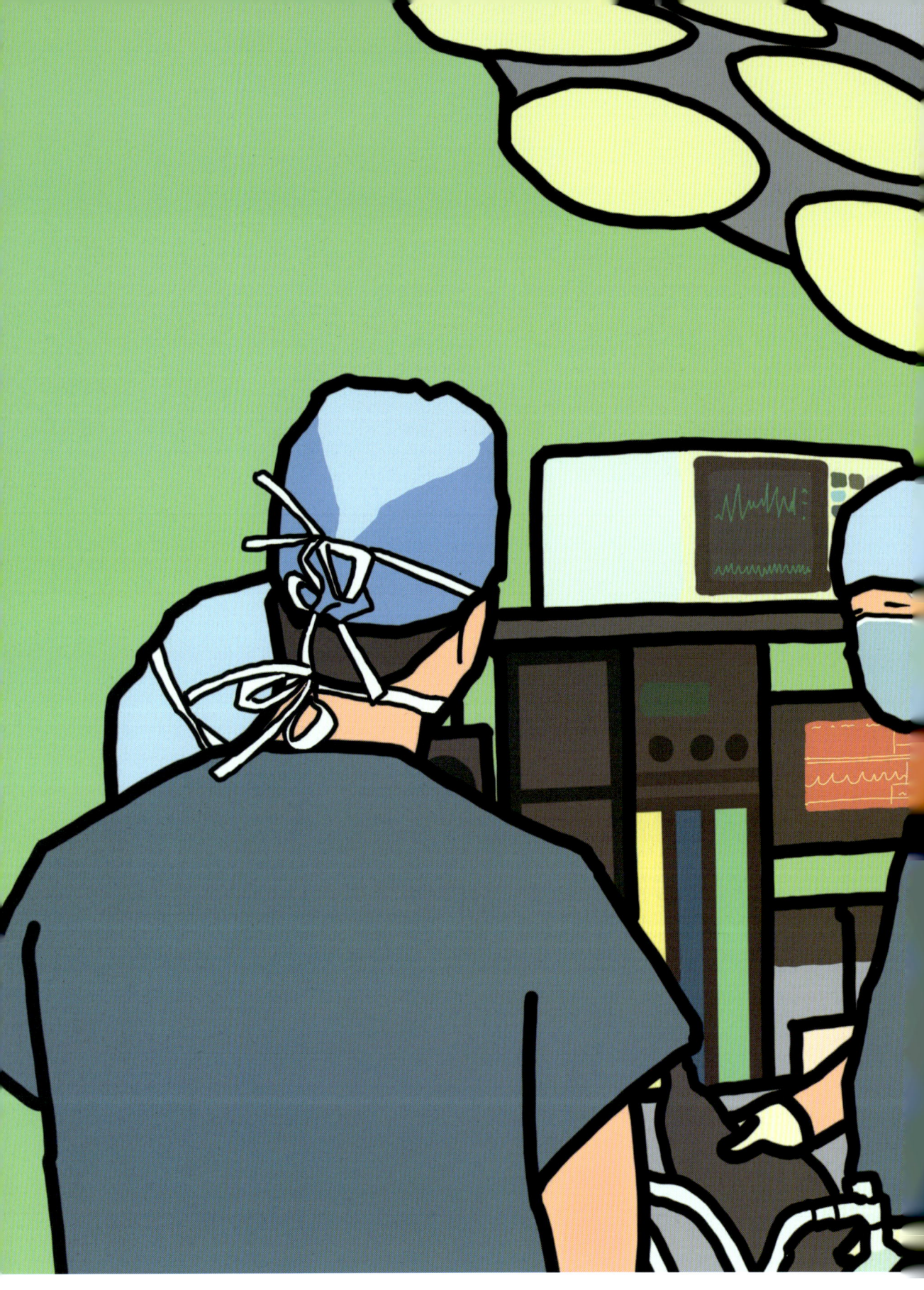

218 / 공간의 주인공은 사람이다.

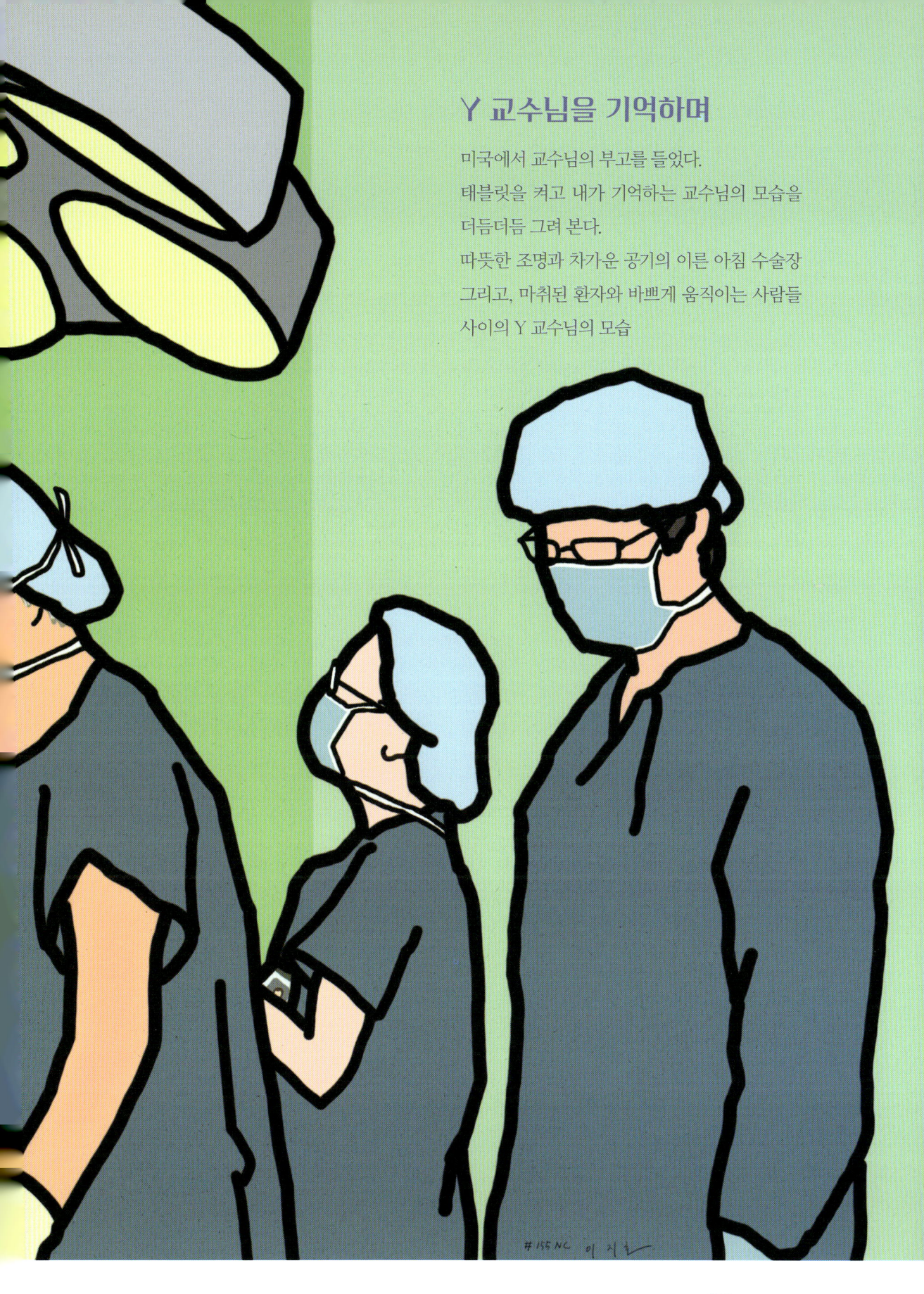

Y 교수님을 기억하며

미국에서 교수님의 부고를 들었다.
태블릿을 켜고 내가 기억하는 교수님의 모습을 더듬더듬 그려 본다.
따뜻한 조명과 차가운 공기의 이른 아침 수술장
그리고, 마취된 환자와 바쁘게 움직이는 사람들 사이의 Y 교수님의 모습

표정관리

수술이 일찍 끝난 날
숨길 수 없는 밝은 표정

L형의 초상

40대에게 선물하는 20대 시절

L형은 선배 레지던트였다. 개업한 병원을 새 단장했다는 소식을 듣고 선물하기 위해 과거 사진으로 초상화를 그렸다.

작업하다 보니 문득 20대 시절이 그리워 진다.

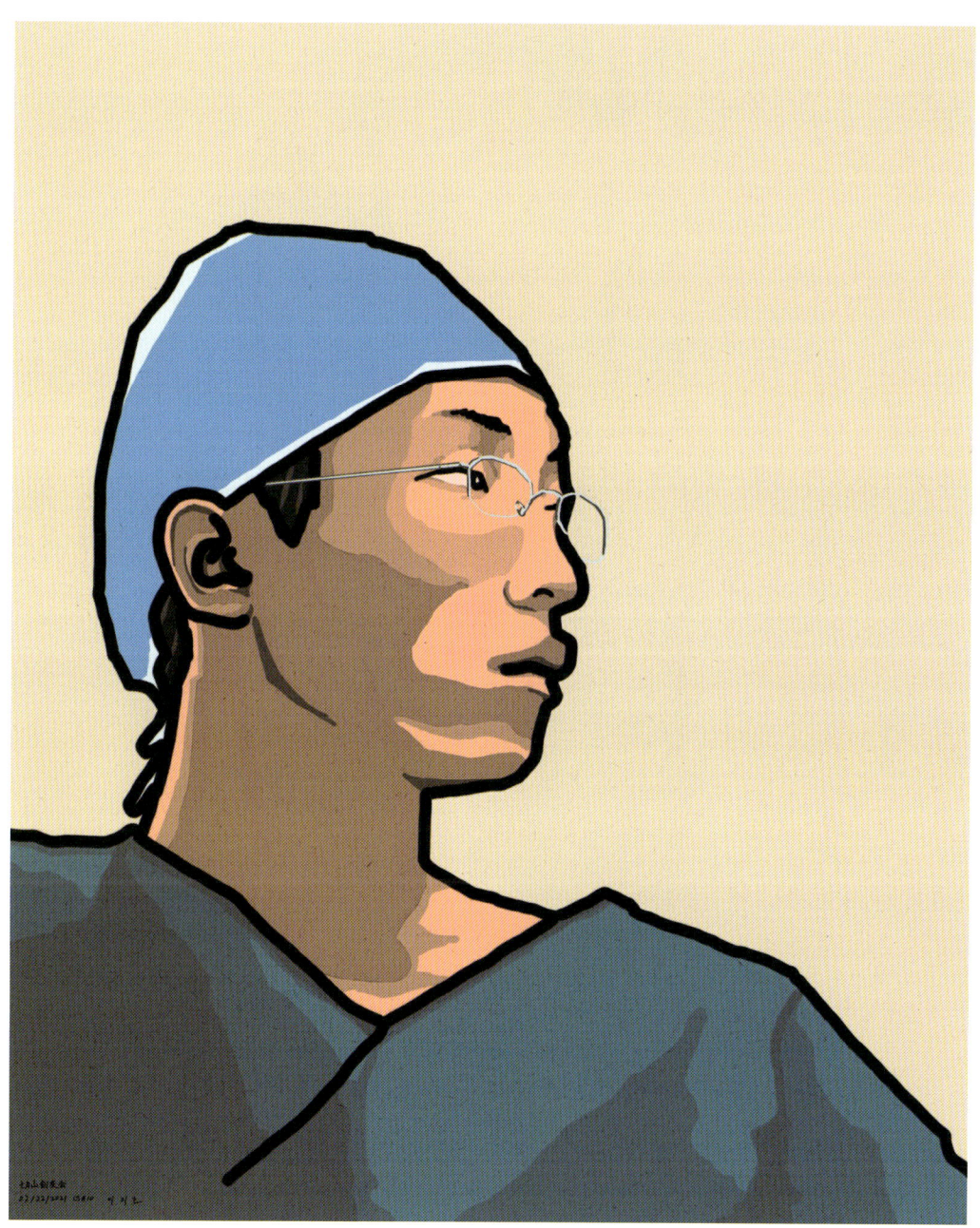

사람 / 223

발치의 신

어떤 분야에서 경지에 오른 사람을 'OO의 신' 이라고 부르기도 한다. 레지던트 동기 Y는 발치를 전문으로 개원했다. 발치는 구강악안면외과 수술의 기본중의 기본이고 합병증 없이 깔끔하게 수술하는 게 쉽지 않다.
개업 축하 선물을 무엇으로 할지 고민하다가 작품명 '발치의 신' 을 그려서 보냈다.
Y의 병원은 발치로 유명한 병원이 되었다. 덕분에 병원 대기실에 걸어 두었던 그림은 인스타 성지가 되었다고 한다.

아무튼 Y는 진짜 '발치의 신' 이 되었다.

사람 / 227

신촌에서 오래된 친구들을 만나다

신촌 근처 사는 친구, 신촌에서 일하는 친구를 만났다.

양고기와 커피를 얻어 먹고 대학시절 추억을 떠올렸던 날

사람 / 229

사람

공간의 주인공은 사람이다

이웃이 되는 법

우리는 도시에 살면서 함께 식사를 하고, 취미를 공유하거나 음식을 교환하며, 그리고 가끔은 그림을 그려 주는 것으로 자연스럽게 서로를 이웃으로 만든다.

이웃이 되는 방법 1

232 / 공간의 주인공은 사람이다.

도시에서 좀 멀리 벗어나 가족들과 함께 음식을 나눠 먹는 것은
이웃이 되는 가장 빠른 방법 중 하나이다.

이웃이 되는 방법 2

미국 연수 중 만난 드로잉 클럽 사람들

같은 취미를 공유하는 것도 이웃이 될 수 있는 방법 중 하나이다.

이웃이 되는 방법 3

미국에서 머물렀던 윈스틴 세일럼은 크리스피 도넛이 유명했다.
쫄깃한 식감과 하얀 설탕으로 광을 낸 도넛은 한국에서도 인기다.
1937년 1호점이 이 도시에서 문을 열었고 본사도 여기에 있다.

이웃에 살았던 인도인 아저씨가 이 회사에 다녔다. 우리가 이사오고
며칠 후 크리스피 도넛 한상자를 들고 먼저 인사하러 찾아 왔다.

다음날 답례로 가래떡을 좀 구워서 찾아갔다.

그렇게 서로 이웃이 되었다.

이웃이 되는 방법 4

이웃집 인도 아저씨 딸의 한 살 생일 파티에 초대 받았다. 친척과 친구들이 모여서 음식을 나눠 먹는다. 아이들과 엄마는 인도 전통 의상을 입고 있다. 우리네 돌잔치와 비슷하다.

인도 어느 시골 마을 잔치에 와 있는 것 같은 착각이 들었다.

단골이 되면 이웃이 될 수 있다

기리야마 우동 본진

우연히 알게 된 사장님과 자연스럽게 단골이 된 친구들
서로 사는 곳은 도시의 여기저기 흩어져 있지만,
같은 장소에서 음식을 나눠 먹으면서 이웃이 되었다.

시바견을 키우는 부부

가족 그림을 선물해 주기로 약속했지만 바쁘다 보니 완성까지 1년 반이 걸렸다. 그 사이 그림풍이 바뀌면서 배경과 인물이 떠버린 그림이 되었다. 그래도 이 부부와 시바견은 나의 이웃이다.

민박집 부부

토스카나 여행 중 만난 민박집 주인 부부

사이프러스, 올리브 그리고 넉넉한 인심이 여운으로 남는다.
감사한 마음에 그림을 그려 선물하였다.

사람

공간의 주인공은 사람이다

**도시의 조각상,
사람 보다 더 사람 같은 사람의 그림자**

사람의 형태를 한 육중한 돌덩어리, 쇳덩어리들은

살아 있지는 않아도, 빛과 주변의 건물, 사람들에

의해 생명력을 가진다

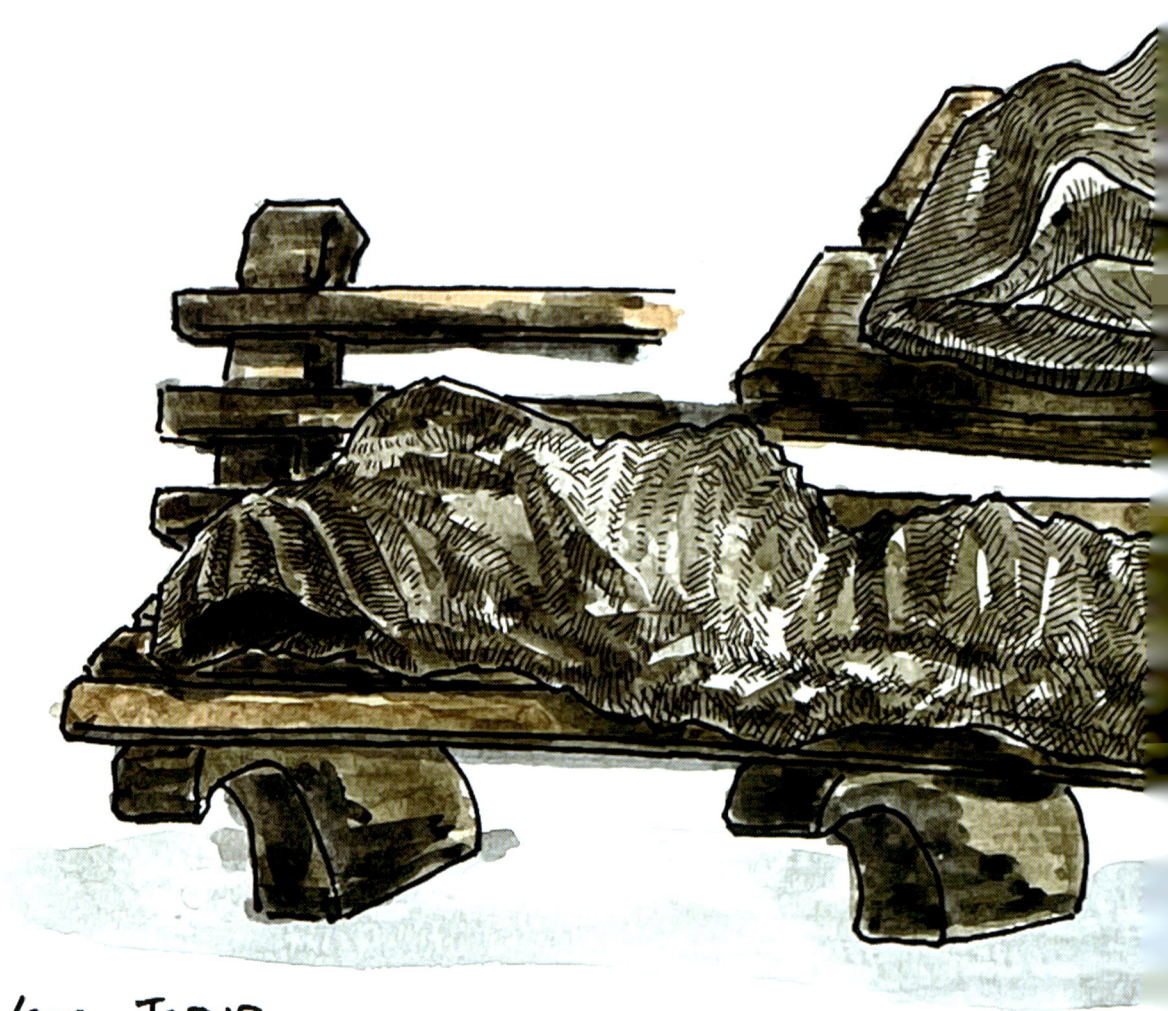

Homeless Jesus
Washinton DC

3/4/2020

노숙자 예수 (Homeless Jesus)

워싱턴 D.C.
비오는 날 이른 아침, 도시 한구석에서 만난 노숙하는 예수
구겨진 담요부터 발의 못자국까지 정교하게 표현되어 있다.
처음엔 진짜 사람이 노숙하고 있는 줄 알았다. 적어도
이 조각상이 있을 곳은 미술관 보다는 바로 이곳인 것 같다.

도시의 조각상은 때로는 진짜 사람보다
더 인간적인 모습을 보여준다.

Freedom is not free 1

한국전 참전 용사 기념비, 워싱턴 D.C.

열아홉명의 군인들이 질서 정연하게 행군하고 있다.
뒤에서부터 따라가 보면 함께 행군하고 있는 것만 같은 착각이 든다.

이들 조각상을 하나하나 그리다 보니 하나의 단편 만화가 되었다.

Freedom is not free 2

한국전 참전 용사 기념비, 워싱턴 D.C.

조각상들의 표정과 몸짓을 보고 있으면 마치 살아 움직이면서 자신들의 이야기를 들려주고 있는 것 같다. 조작상들 한편에 새겨진 짧은 글이 이들의 이야기를 한마디로 압축한다.

같은 전투를 소재로 한 수천억 제작비의 영화보다 더 묵직한 여운을 남긴다.

아들과 나, 그리고 다빈치

밀라노, 이탈리아

레오나르도 다빈치는 타고난 천재성은 기본이고, 키가 크고 잘생긴데 다가 패션 센스도 뛰어났다고 한다. 다만 서자 출신이라고 하는데, 르네상스 시대의 이탈리아에서 그게 그다지 중요한 것은 아니었던 것 같다.

동시대 조선에서 태어났다면 같은 능력을 가지고도 완전히 다른 삶을 살았을 것이다.

망자의 조각상들, 멕시코

직업 상 거의 매일 얼굴뼈를 들여다 보게 되지만, 일상에서 본다는 것은 거의 불가능하고 생각만 해도 무서운 일이다.

하지만, 멕시코에서는 해골 조각상을 이곳 저곳에서 쉽게 볼 수 있다. 다행히, 무섭다기보다 해학적이고 심지어 귀엽기까지 하다.

망자를 위로하는 방법은 슬프고 진지할 수도 있고, 가볍고 유쾌할 수도 있다.
거기에 데킬라까지 추가된다면, 더 위로가 되는 것일까?

Mexican Family
11/30/2020 #153NC
이지호

수난의 파사드

사그라다 파밀리아, 바르셀로나

뼈를 닮은 구조물과 기계처럼 추상화된 조각상들

파사드에 등장하는 인물들은 마치 살아 움직이면서
한 목소리로 십자가의 고난을 이야기하는 것 같다.

죽음은 현실이다

칼레의 시민들, 런던

노블레스 오블리주의 정신으로 시민들을 살리기 위해 죽음을 선택한 사람들. 조각상 여섯 명은 모두 다른 표정을 하고 있다. 고귀한 희생과 별개로 눈앞에 닥친 죽음은 현실이라고 작가는 말하고 싶었던 것이 아닐까?

262 / 공간의 주인공은 사람이다.

병마용, 시안

중국의 고도 시안에서 만난 진나라의 병사들

외모, 표정, 복장 하나하나 버릴 것 없이 다채로웠다.

한동안 내 스케치북을 채우던 소재는 고대 제국의 군인들이었다. 하지만, 그 속에서 난 친구를 발견하고 주변의 평범한 이웃의 얼굴을 보았다.

시간

사람과 공간의 누적된 흔적

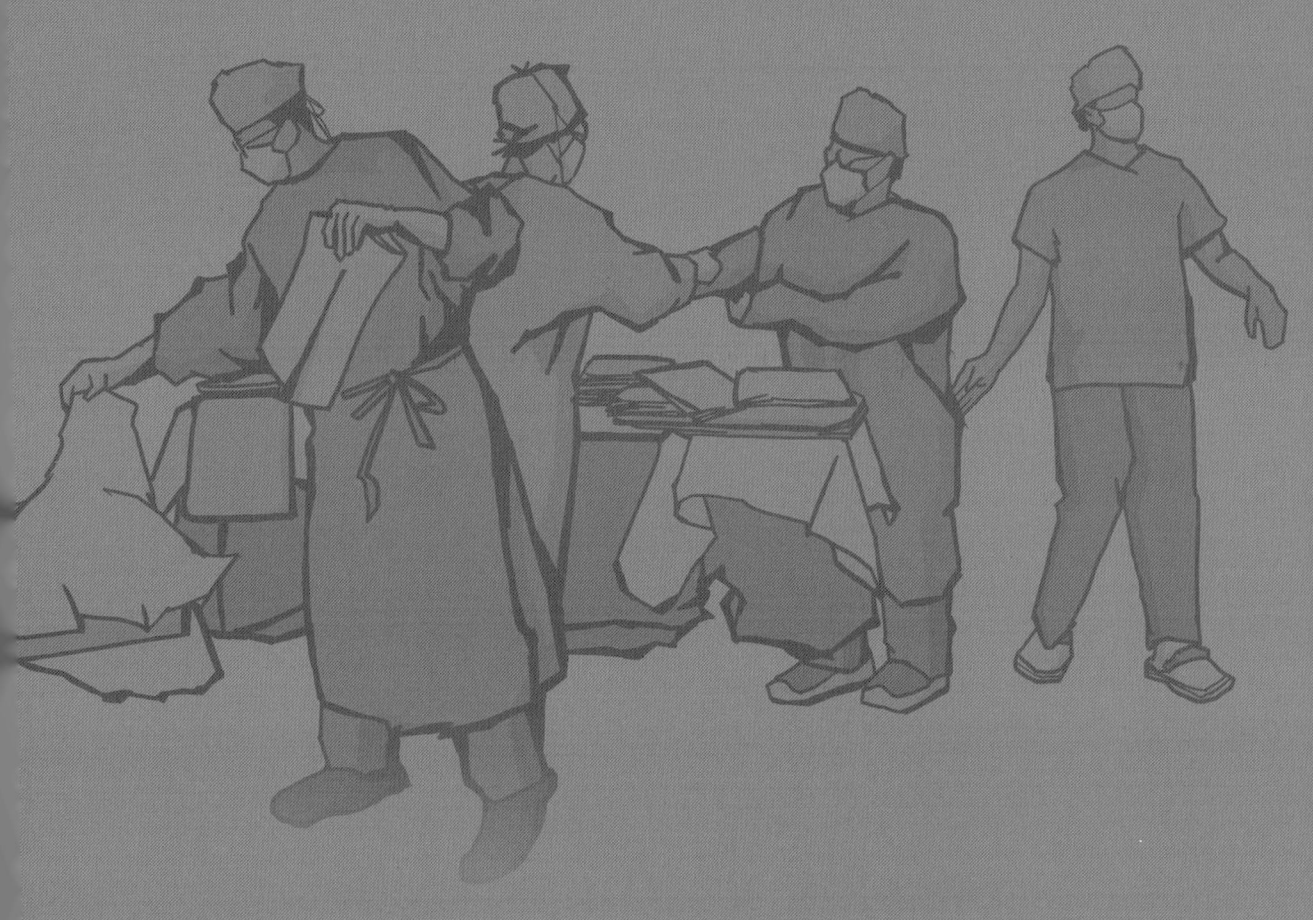

병원의 시간, 오늘을 사는 사람들

병원이라는 공간이 만들어지고, 사람들이 채워지면
시간이 흐르기 시작한다. 복잡한 종합병원의 오늘을
수많은 사람들이 살아간다.

정결의 시간 1

이슬람 사원에 들어갈 때 몸을 깨끗하게 씻는 행위를 '우두 (وضوء)' 라고 한다. 십 수년 전 이스탄불에서 사람들이 우두를 행하는 것을 본적이 있다. 물로 입을 헹구고 머리와 손과 발을 정결하게 하는 모습은 수술실 앞에서 손을 씻는 행동과 많이 비슷했다.

감염 방지를 위해 늘 하는 절차 중 하나지만, 매일 아침 곧 만나게 될 환자를 위해 손을 씻는 것은, 신을 만나러 가기 전 신자들이 행하는 정결의식과 서로 통하는 것 같다.

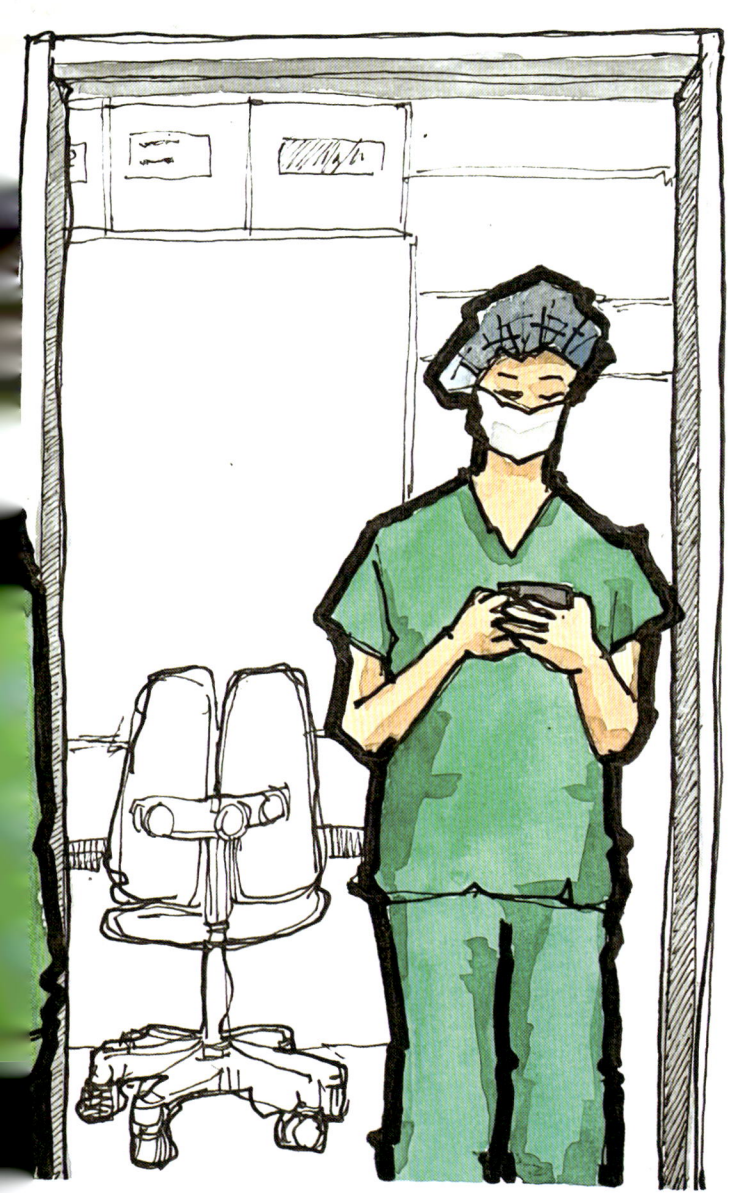

정결의 시간 2

수술 가운은 아마 세상에서 가장 깨끗한 옷일 것이다. 너무 깨끗해서 혼자 입을 수도 없고 심지어 다시 빨아서 입을 수도 없다.

이것을 입는 혹은 입혀 주는 과정은 마치 무균의 수술 공간에 들어가기 위한 출입증을 받는 것과 같다.

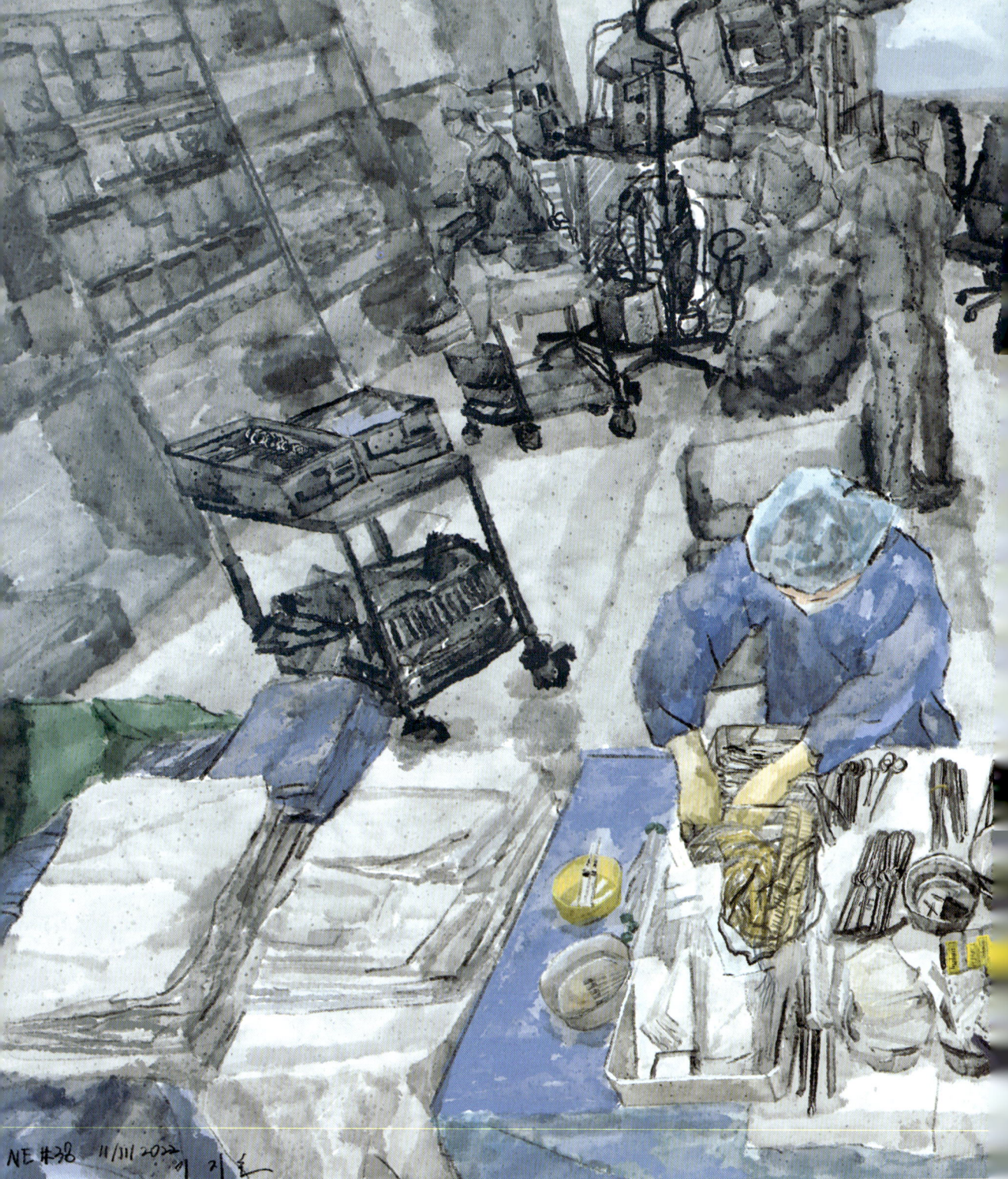

아침 수술상 차림

이른 아침에 차려지는 것이 밥상 만은 아니다.

오늘 하루, 오직 한 사람을 위해 차려지는 수술상…

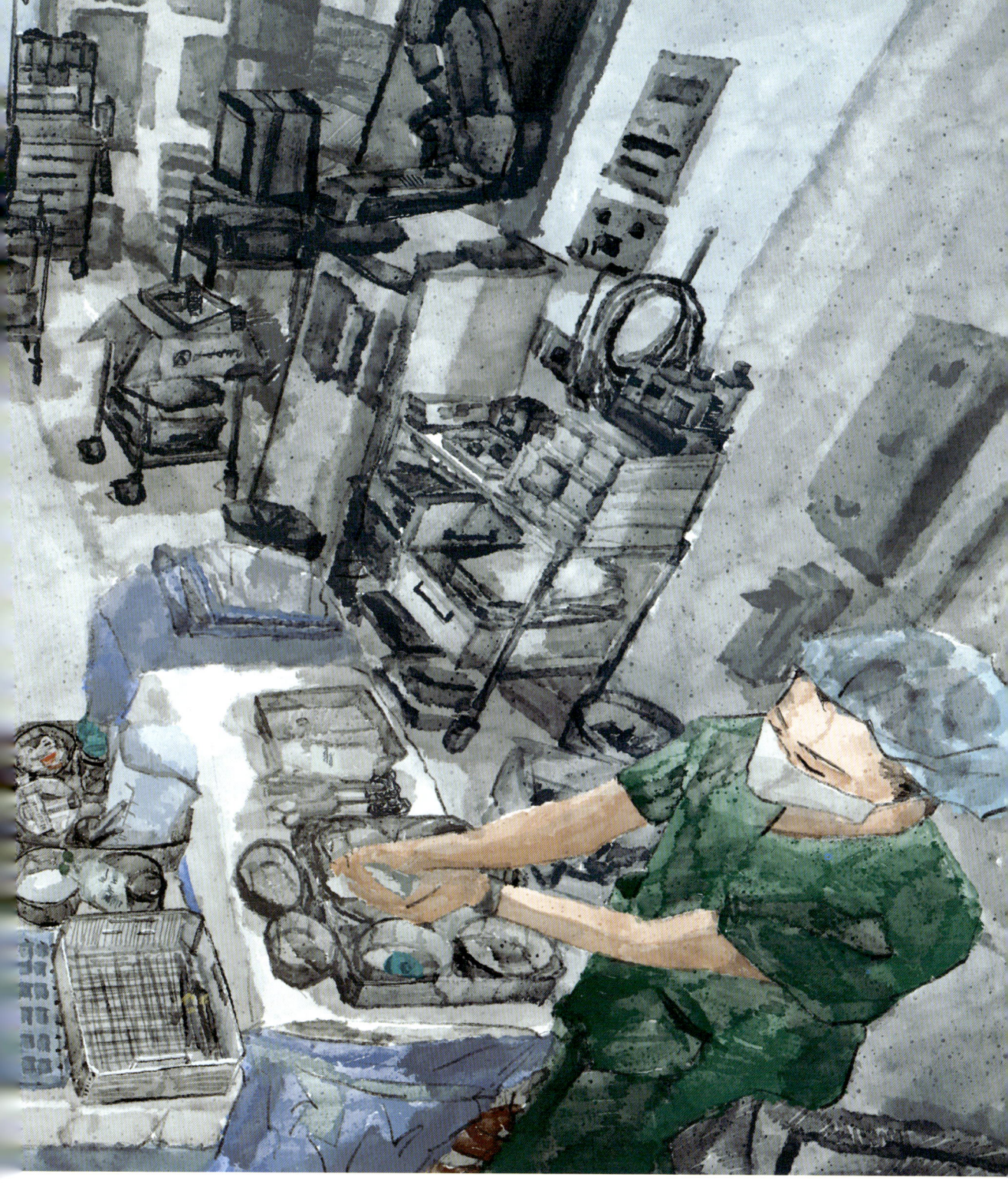

마취의 시간

마취는 현대의학의 위대한 발견 중 하나다.
마취가 없었다면 나 같은 외과의사들이 매일 하는
수술 대부분이 불가능했을 것이다.

마취의 시간은 수술의 시간보다 길고 깊다.

그래서 항상 감사할 따름이다.

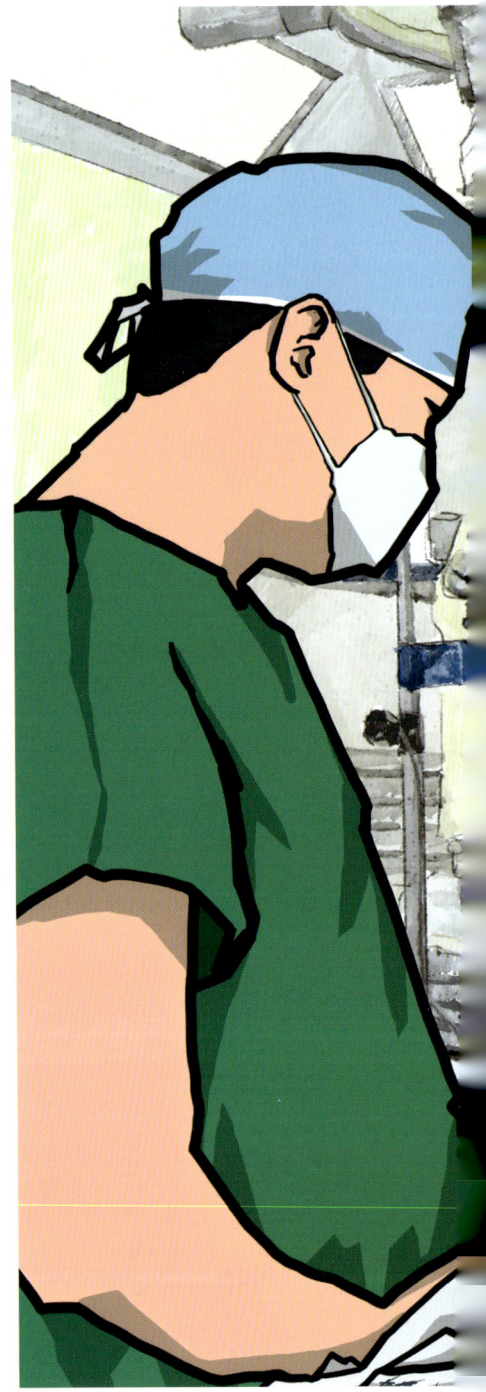

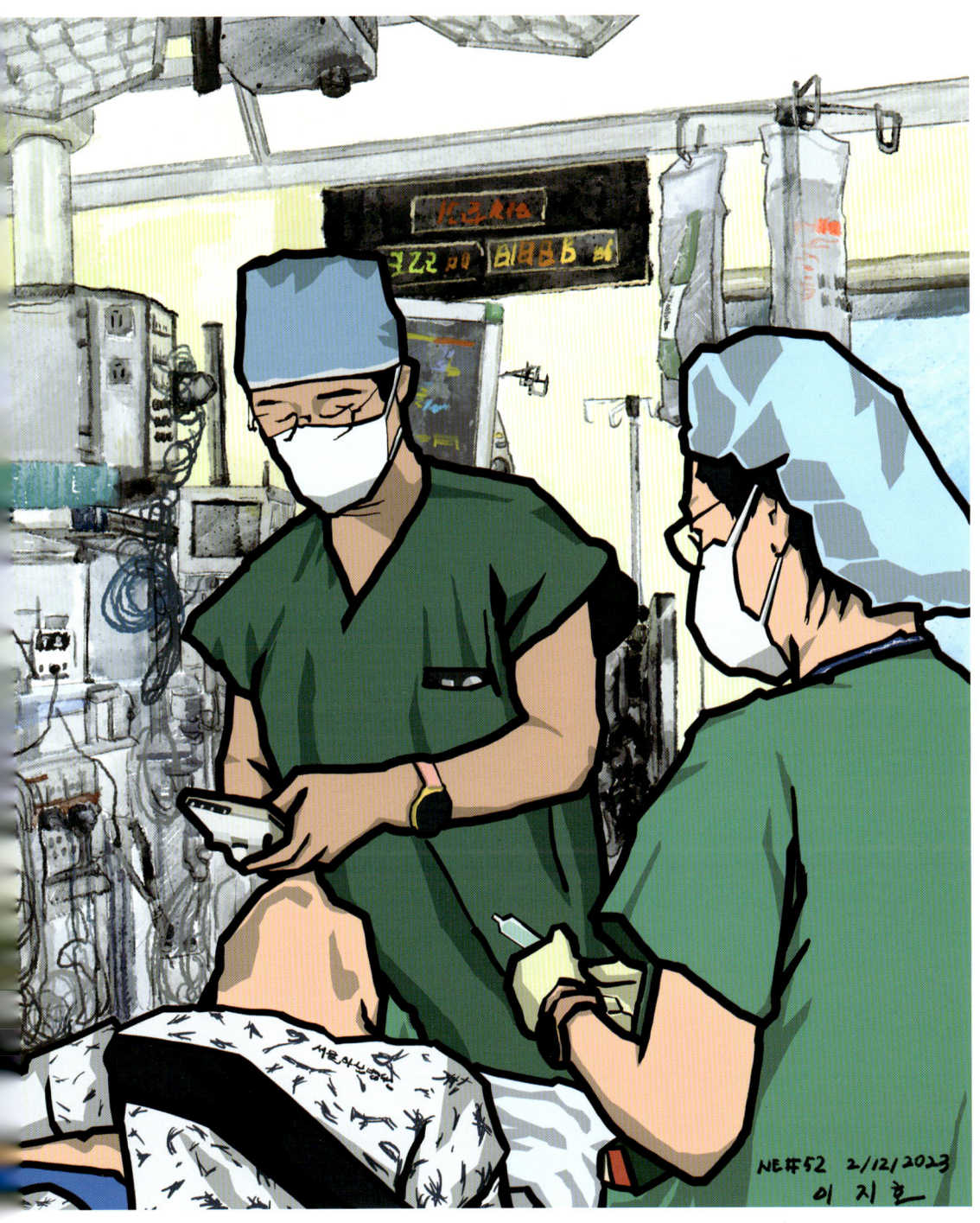

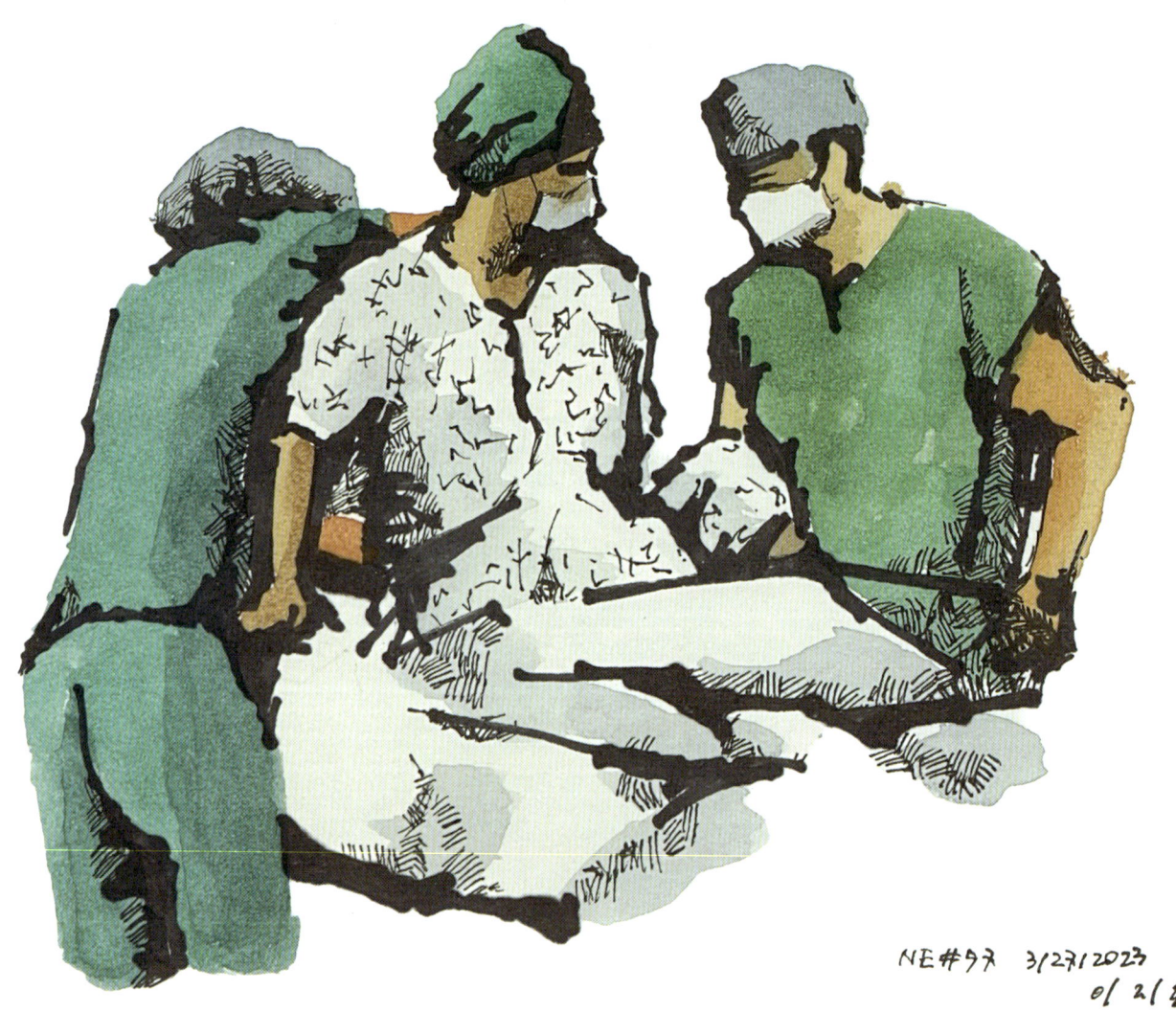

수술대에 눕는 사람

누군가의 평범한 아침은
다른 누군가의 운명의 아침이다.

특식의 시간

도시의 모든 직장인들이 퇴근 시간 다음으로
기다리는 점심 시간... 병원도 마찬가지다.
어느 회사 건 구내 식당에 늘어선 줄의 길이는
그날 메뉴의 인기에 비례한다.

기다림의 시간

환자들이 병원에서 보내는 대부분의 시간은 기다림의 시간이다. 검사를 기다리고, 수술을 기다리고, 회진을 기다린다.

그리고, 퇴원을 기다린다.

Date 목 4/23/20러 CS #35
기 리 호

DEAR MY IDEAS

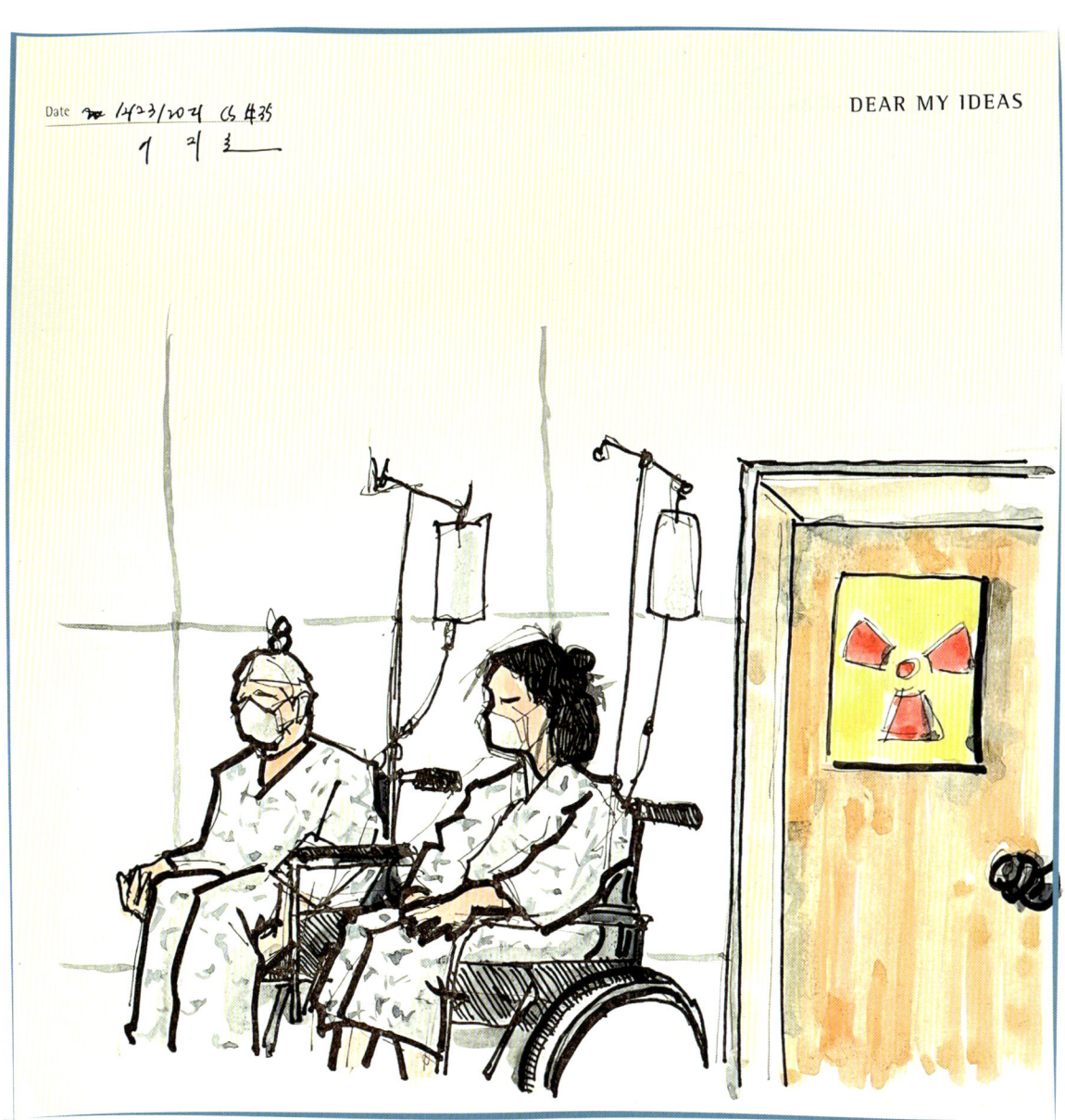

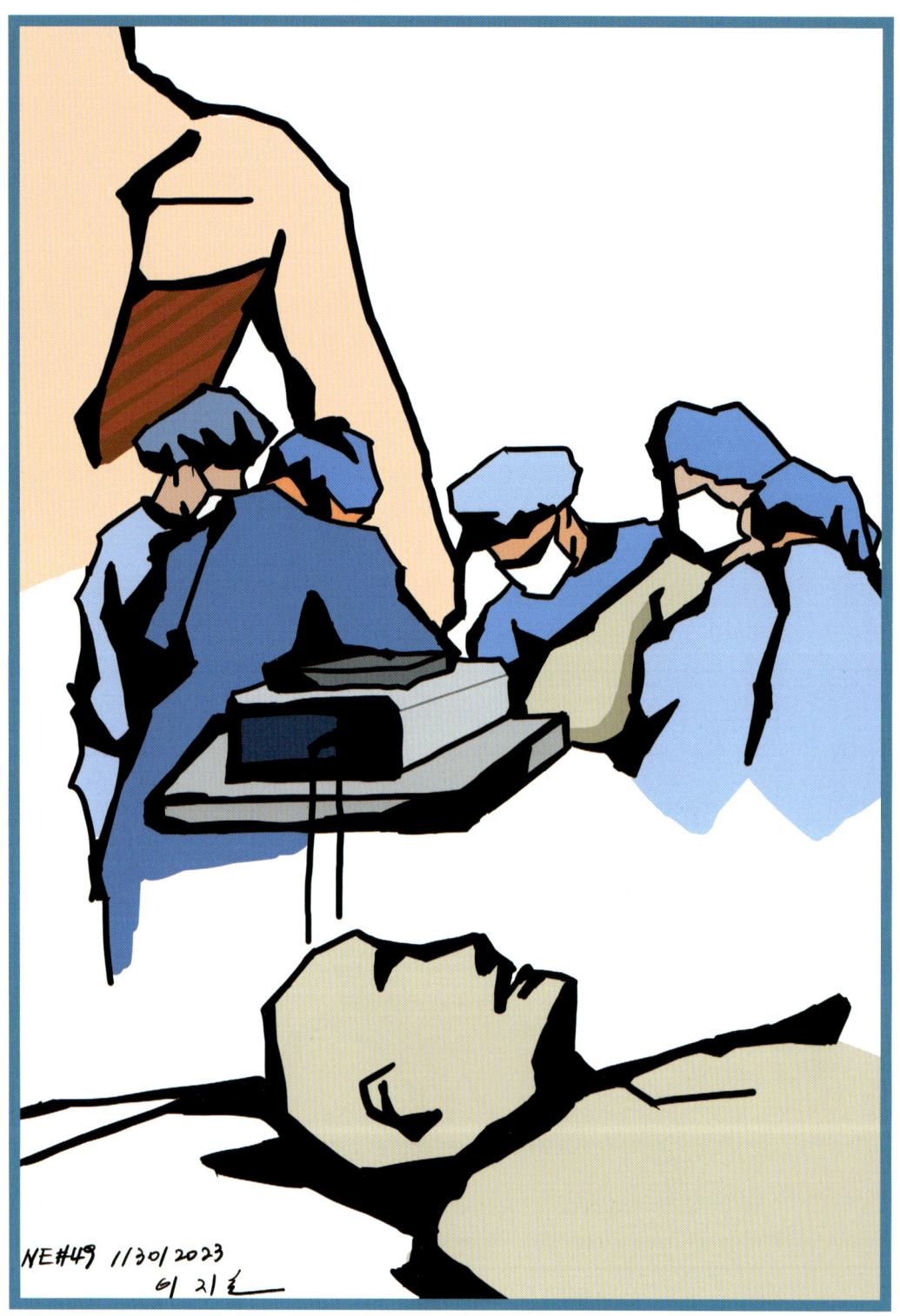

사체해부 실습, 구강암 연구소

해부학 실습실은 항상 춥고, 기증된 시신과 기구는 늘 차갑다.
그래도, 사람의 몸은 인간이 만든 어떤 기계보다 정교하고,
잘 조직되어 있으면서 아름답다.

튈프 교수의 해부학 강의

어두운 실내에 깨끗하고 하얀 시신이 누워있고 교수가 해부된 시신의 팔을 들어보이며 강의를 하고, 학생들은 진지하게 듣고 있다.

몇 년째 구강암 수술 관련 해부 연수회에서 실습 강의를 하면서 해부학 실습실 벽 한 쪽에 걸려있는 '튈프 교수의 해부학 강의'를 본다.

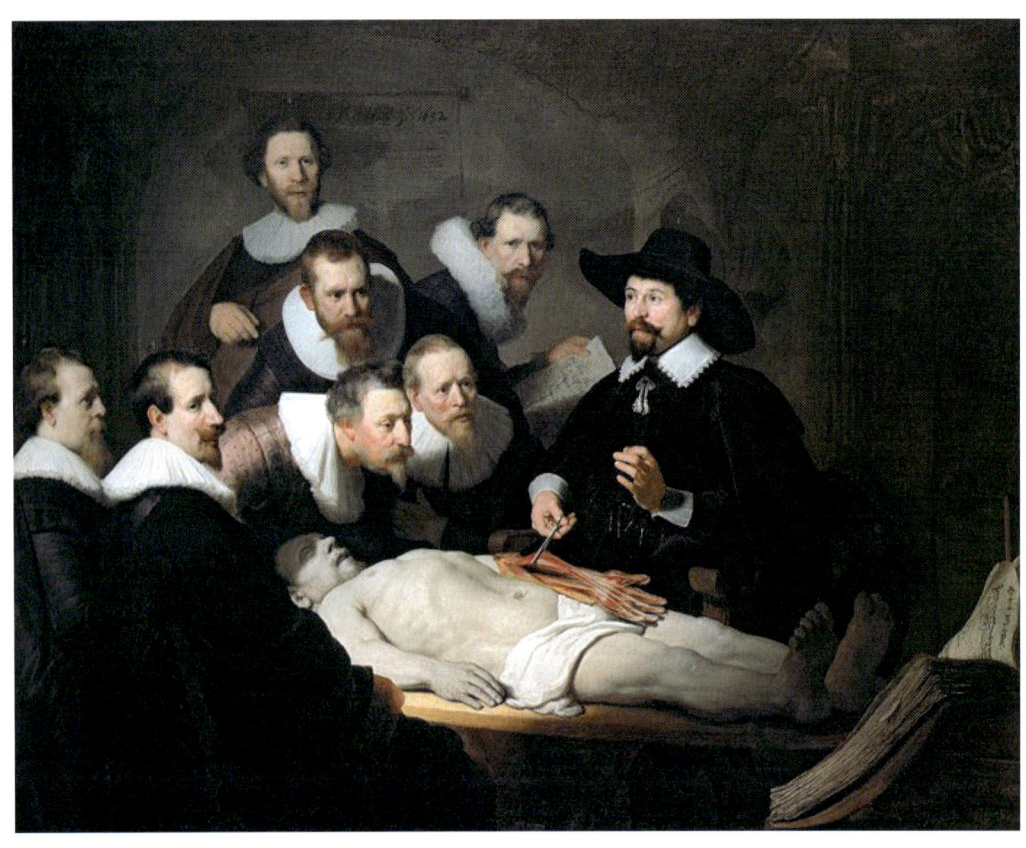

시간이 되면, 저 그림을 한번 따라 그려 보겠다고 마음 먹고 있었다. 그냥 보고 그리면 재미 없을 것 같아 사체와 참가자들의 관계를 바꿔서 그려 보았다.

책과 강의 만으로 완벽하게 숙지하기엔 인간의 몸은 너무 복잡하고 정교하다. 튈프 교수는 사형수의 사체로 강의를 했지만 우리는 뜻있는 분들의 기증으로 실습을 할 수 있다.
실습 전 후에 예의를 갖추어 감사해야 하고 뼈, 근육, 인대, 신경, 혈관 어느 것 하나 소홀하게 다룰 수 없는 이유가 여기에 있다.

미세현미경 수술 연수회

턱과 얼굴을 재건 하기 위해서는 몸의 다른 부분에서 뼈와 피부를 떼어낸 다음 목부분에서 혈관을 서로 연결해 주는 수술이 필요하다.

해마다 쥐의 혈관을 이용한 연수회를 할 때 마다 현미경 아래 누워 있는 수많은 실습용 쥐들을 보며 인간과 동물의 뒤바뀐 운명을 잠깐 상상해 본다.

퇴근길

붉은 하늘, 라디오, 자동차로 가득찬 도로

그리고, 맨발로 나를 기다리는 소년

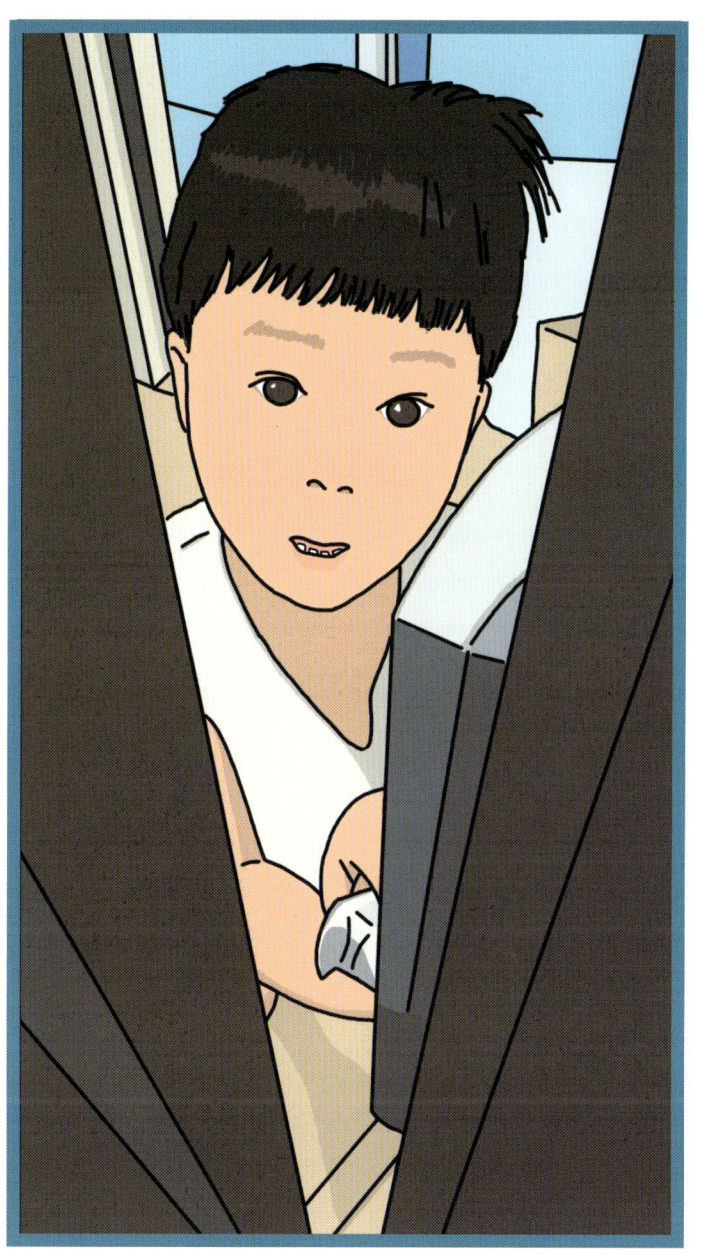

시간

사람과 공간의 누적된 흔적

드로잉은 시간과 공간을 연결한다

그림을 그릴 땐 이곳 저곳에 그리기 보다는 가능하면 하나의 스케치북에 꾸준히 그려 두려고 노력한다. 그러면, 어느 순간 스케치북 속의 그림들은 시간과 공간을 뛰어 넘어 현재의 시점과 장소로 과거의 이야기를 소환한다.

서울에서 만난 앤디워홀

병원 지하 1층에 앤디워홀의 꽃 그림들

피츠버그의 앤디워홀 박물관에서 본 그의 개성적인 외모와 그림들을 떠 올리게 한다.

앤디워홀의 황금 다리

피츠버그를 가로지르는 엘레게니강에 황금색 다리가 있다. 별명이 앤디 워홀의 다리라고 한다.

겨울철 검푸른 색의 강물과 눈, 그리고 회색 빌딩 배경에서 노란색의 다리는 확실히 튀어 보인다. 여러가지 원색을 겹치는 앤디 워홀의 그림처럼...

Allegheny River
Pittsburgh, PA

#2024C 02/03/2024 이지훈

세상에서 가장 비싼 호박

인천 파라다이스 시티 호텔에서 쿠사마 야요이 할머니의
땡땡이 호박을 다시 만났다.
매직 아이를 보는 것 같은 어지러운 땡땡이 무늬를
처음 만난 것은 거의 10년전 상하이의
어느 미술관이었다.
할머니를 개인적으로 알지는 못하지만,
땡땡이 무늬 호박을 다시 보니
오랫만에 친구를 만난 것처럼 반가웠다.

인천 파라다이스 시티에서 만난
금속의 땡땡이 호박.
쿠사마 야요이 할머니
오래 건강히 사시고
좋은 작품 많이 만들어 주세요

쿠사마 야요이 (1929~)

땅끝 마을

출발하는 날, 여행 짐 속에 스케치북과 물감을 챙겨 넣었다. 해남이 대한민국의 땅끝이면 미국은 동남쪽 끝에 키웨스트 (KeyWest)가 있다. 헤밍웨이가 여기서 유유자적 하며 소설을 썼다고 한다.

헤밍웨이의 단골 술집이었던 Sloppy Joe's Bar는 아직까지 영업을 하고 있었다. 매일 아침 6시에 일어나 정오까지 작업, 오후에는 낚시, 그리고 저녁에는 이곳에 들렀다고 한다.

키웨스트의 작업실

헤밍웨이는 전성기 시절 작품들 대부분을 이곳에서 썼다고 한다. 당시 키우던 고양이의 자손들이 아직도 집안 구석구석을 어슬렁 거린다.
그날도 한녀석이 작업실 한구석에 웅크리고 있었다.
바닷 바람이 시원하게 들어오는 쾌적한 작업실이다.

7tu/31 biscaye 木

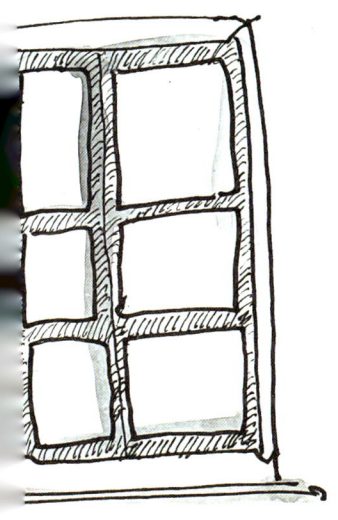

Hemingway's CORONA typewriter
1/27/2021 #195 NC 이지원

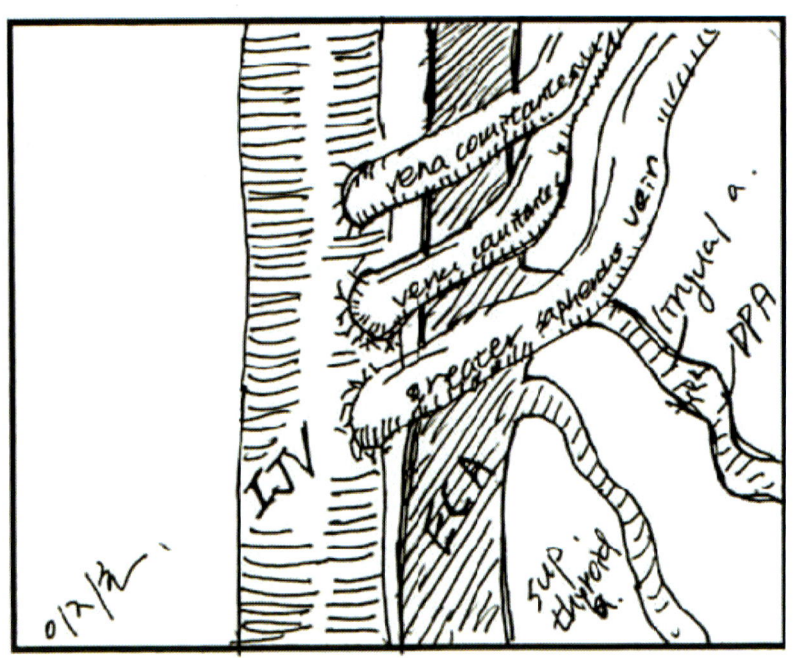

과거의 드로잉은 타임캡슐이다

후배가 수술 기록을 정리하다가 내가 전공의 시절 작성한 수술 기록지와 삽화를 발견하고 한번 보라고 보내줬다.

당시 수술 기록지에 삽입하는 그림은 이미 일정한 형식이 있었지만, 나는 특이한 케이스는 직접 삽화를 그려 넣었다. 수술이 끝나면 머릿속에 남아있는 수술 장면이 휘발되기 전, 메모지에 휘갈겨 놓았다가 나중에 차분하게 연필과 로트링펜으로 꼼꼼하게 다시 그렸다.

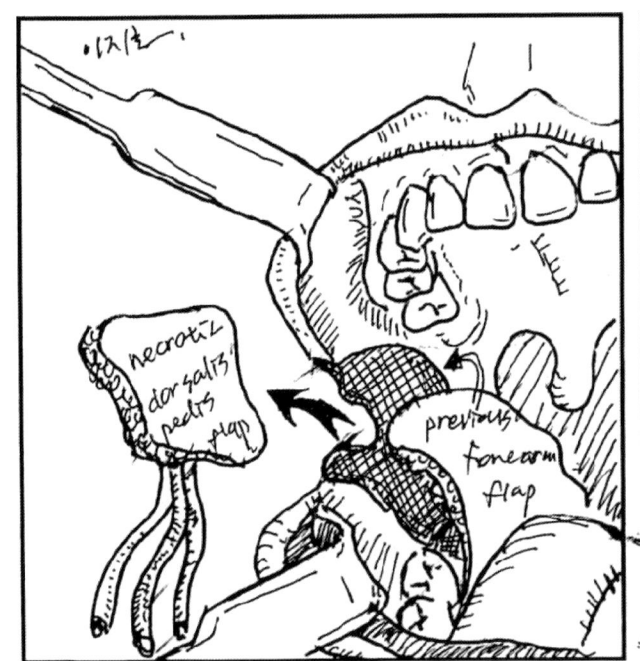 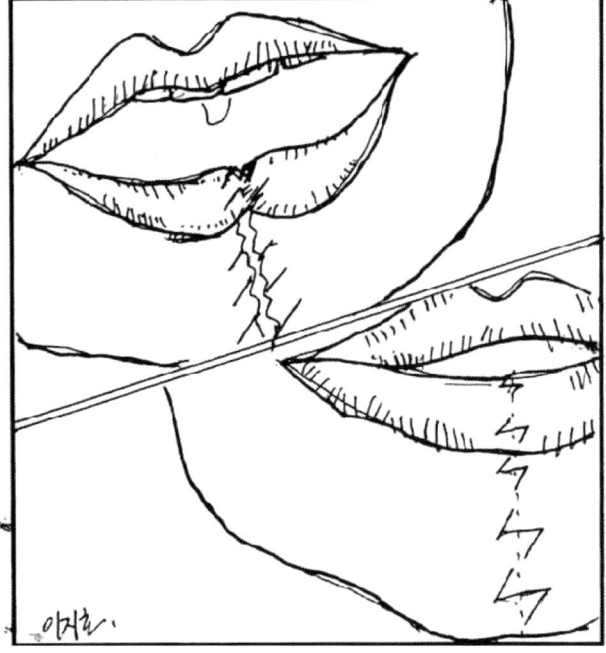

지금은 수술을 직접 집도하는 입장이고, 와콤이나 아이패드 같은 세련된 디지털 장비로 작업을 한다. 그러다 보니 과거 그림 속에 전공의 시절의 부족한 지식과 시각, 서툰 묘사가 눈에 띄는 것은 어쩔 수 없다. 그래도 단색의 거친 선과 투박한 묘사는 흑백 사진처럼 날것의 재미를 준다.

마치 묻어 두고는 잊어버렸던 타임캡슐을 열어 본 기분이다.

씨클로

종로의 쌀국수 집 앞에 장식된 씨클로

한때는 호치민의 후텁지근하고 매캐한 공기속을 달렸을 텐데, 한겨울 서울 한 복판에서 찬바람을 맞고 있다.

지금도 이미 많이 낡았는데, 저렇게 비바람을 맞으면서 점점 더 원래 모습을 잃어 갈 것이다.

상하이 임시정부 청사

10년전 상하이 제9 인민병원 연수를 목적으로 상하이에 머물고 있었다. 숙소와 병원 중간에 상하이 임시정부 청사가 있었다. 상하이를 방문하는 대한민국 사람들에게 필수 코스다. 퇴근길에 한번 들러보고, 이듬해 대학 동기들과 다시 한번 와봤다.

주권도 국토도 없는 나라의 '임시' 정부 청사라고 하지만 낡은 연립 주택의 한 칸이 전부였다.
상하이의 핫 플레이스 '신천지' (서울로 치면 가로수길 정도 되는)의 한중간에 있다 보니 주변의 세련된
카페와 식당들 사이에서 더욱 대조되어 보였다. 그 당시 재개발 때문에 없어진다는 소문이 있었다.
구글링해 보니 2022년 까지 다녀간 사람들의 블로그 포스팅을 찾을 수 있다.
아직까지는 잘 보존되고 있는 것 같다.

종로 풍경 스케치, 새로 산 아이패드

시간이 1990년대에서 정지한 것 같은 2019년의 종로 풍경
대학시절 친구들과 낙원상가, 아구찜 골목, 피카디리, 단성사 그리고 모교의 흔적을 더듬어가며 종로 일대를 돌아다녔다. 마침 새로 산 아이패드로 주변 풍경도 담아 보았다. 조작법이 아직 손에 익지 않았지만 셋이 앉아서 이런저런 얘기를 나누며 조금씩 그렸다.

웹툰 같은 스케치들이 완성되었다.

야밤의 장례식장

도시인은 병원에서 태어나 병원에서 생을 마감한다.
이곳은 누군가를 떠나 보내는 곳이기도 하면서, 오랫동안 만나지 못했던 누군가를 만나게 되는 곳이기도 하다.

야밤의 병원 장례식장은 유달리 밝은 빛을 뿜어낸다.
그래서, 이곳이 죽은 사람 보다는 오히려 산 사람을 위한 곳이라는 생각이 든다.

나폴레옹의 관

파리 군사박물관의 육중한 대리석 관속에 나폴레옹이 누워 있다.
화려한 예배당과 대리석 장식 때문에 무덤이 아니라 하나의 조형 예술이다.

근대 역사에서 가장 자수성가한 풍운아를 만나려는 수많은 사람들로 지금도 북적거린다.

1/19/2023 이태원 여러분

할아버지의 장례식

눈물이 많이 날 것 같았는데 막상 닥치고 나니 담담했다.
벌써 몇달이 지났는데 이제서야 문득 그리워 진다. 모시고 다니던 단골 사우나, 좋아하시던 중국집의 탕수육, 간짜장 뭐 그런 것들이 생각나면서...

동경에 가도 좋아하시던 테누구이, 부채 등을 사오는 것이 의미가 없어졌다.

분향 焚香

십 수년 만에 연락된 친구... 달려 갔더니 영정 사진 속에서 인사한다. 사연을 들어보니 비명횡사라는 게 이런 거구나 싶다. 졸업하고 연락이 뜸해졌다가 인턴 때 갑자기 병원 앞에 찾아와 술 한잔 사 달라고 했다. 헤어지면서 앞으로 살면서 다시 보기 쉬울까... 라고 뜬금 없는 말을 흘리고 총총히 길을 건너 멀어지던 모습... 살이 약간 붙었지만 개구진 얼굴은 영정 속 사진에서도 여전하다.

316 / 사람과 공간의 누적된 흔적.

낡은 호완

검도를 시작할 때 부터 함께 한 호완(검도용 글러브)을 보내 주었다. 구멍이 날 때 마다 깁거나 때우기를 반복해오다 드디어 한계에 이르렀다. 생각해 보니 요 몇년은 출근해서는 직업으로 칼을 잡았고 퇴근해서는 운동삼아 칼을 잡았다.

불혹(不惑)에 접어 들었을 때 왠지 불혹(不惑)하는데 도움이 될 것 같아 시작한 검도였다. 지금 내가 불혹을 잘 하고 있는지는 모르겠지만, 함께 시작한 이 녀석도 언젠가는 불혹의 나이가 될 것이다.

그때 나는 오래된 호완과 같은 모습을 하고 다음 세대를 위한 퇴장을 준비하고 있을 것이다.

1/2/2020 이지호

A broken microscissors

수술 중 미세혈관 가위 (Microscissors) 가 부러졌다.
1 mm 지름의 혈관을 자르고 다듬는 미세한 가위가 드디어 한계에 이르렀다.
아무리 튼튼하고 잘 다듬어진 정교한 기구라도 끊임없이 피를 묻히고,
혈관을 자르고 다듬고, 또 고열 소독을 반복하다 보니 한계가 온 것이다.

이제 보내줄 때가 되었다.

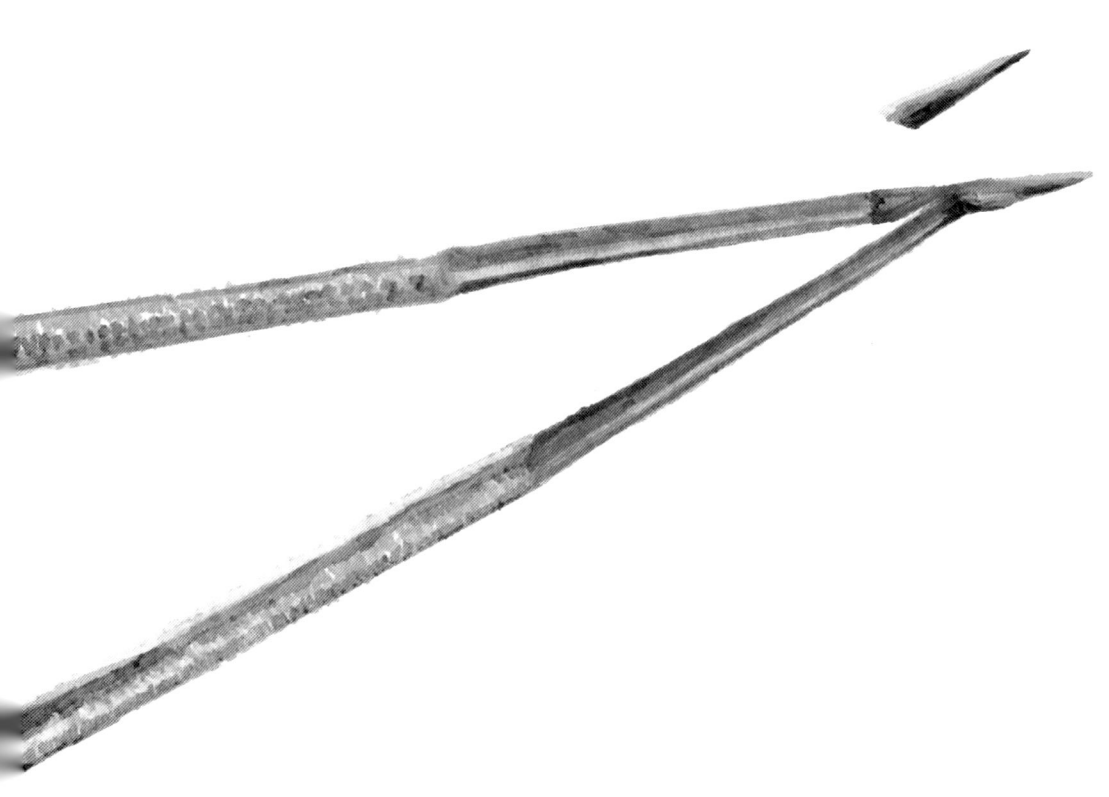

시간 / 319

320 / 사람과 공간의 누적된 흔적.

브라운관 모니터가 시간을 말해 준다

우연히 찍었던 사진들이 시간이 지나서 과거를 소환하는 그림들의 좋은 소재가 된다. 두꺼운 브라운관 모니터로 그림의 시점이 2000년대 초반임을 알 수 있다.

사소한 소품을 빼면 사람들의 모습은 그때나 지금이나 별 차이가 없다.

학림다방

천장은 이렇게 낮았고 의자는 저렇게 작았나 싶다. 그래도 아직까지 남아 있는 것이 대견하다.
고생대, 중생대, 신생대에 따라 화석이 달리 나타나는 것처럼 벽에 가득한 낙서도 몇 십년 시간의 퇴적물일 것이다.

학부생, 전공의 시절...
나의 십년도 저기 어딘가 지층의 한켠이다.

시간

사람과 공간의 누적된 흔적

흐트러진 것은 시간이 흐르면 제자리로 돌아간다

3년간의 코로나 팬데믹은 사람들의 기본적인 것들을 억눌렀다. 도시에서 사람과 사람간 공간의 구분은 인위적이면서 명확해 졌다. 그 사이는 경계, 의심, 답답함이 채워진 시간이었다. 하지만, 사람과 사람이 만나고 함께 먹고 대화하고 어울리는 인간 고유의 본성은 탄성력으로 팬데믹을 밀어낸다.

백신 3차 접종

귀국하고 1년이 거의 다 되어 갈 무렵 세번째 코로나 백신을 접종 받았다.
이제 백신을 맞지 못해 전전긍긍해 하는 사람은 없다. 여전히 마스크를 하고 있지만 사람들은 이전만큼 신종 전염병을 두려워 하지 않는다.
시간이 흐르고 사람들은 적응하며, 일상은 코로나 이전의 시절로 느리지만 꾸준하게 회귀한다.

온라인 학회 발표에 적응하는 법

보이는 곳은 정장, 보이지 않는 곳은 수술복

현장 참여는 제한되지만 하의는 자유다.

설 명절을 앞둔 코스트코

대형 마트는 도시의 바이탈 (Vital signs) 사인이다.

명절을 앞두고 사람들로 터져 나간다. 마스크를 쓰게 하고 공간을 격리해도 소비에 대한 사람들의 욕구를 마냥 억누를 수는 없다.

공항 라운지

코로나 유행 이후 처음 나가는 해외학회

공항 라운지에서 비행기를 기다리며 주변 사람들의 얼굴을 그려 본다. 이제 마스크를 벗은 사람들이 많이 보인다. 코로나의 긴장도 그만큼 옅어 졌다.

맛집이 만드는 사람의 행렬

맛있는 음식점 앞에 사람들이 길게 줄을 늘어서는 것은 코로나 이전과 이후가 다르지 않다.

이치란 라멘, 후쿠오카

마루카 우동, 도쿄

따뜻한 라멘 (あたたかい ラーメン)

사장님 혼자 주문 받고 라멘을 끓이고 서빙까지 하는 가게 이름 그대로
'따뜻한 라멘'

마스크를 잠깐 내리고 마음까지 따뜻해 지는 라멘을 먹는다.

밀라노의 화덕 피자집

이탈리아에서 중국인이 피자를 굽는 화덕 피자집
2022년 가을, 이제 사람들은 식당에서도 마스크를 잘 쓰지 않는다.

퇴근 후 회식

오붓하게 둘러 앉은 사람들과
하나하나 정성스럽게 빚어내는 생선 초밥...

요리도 오마카세 방역도 오마카세...

환송 모임

미국으로 연수를 떠나는 대학 동기를 환송하기 위해 모였다. 내가 연수를 마치고 귀국한지 1년 반이 지났다. 백신 접종이 완료되고 방역에 대한 사람들의 강박도 어느 정도 느슨해 졌다. 미루고 있던 해외 연수를 떠나는 사람들도 조금씩 늘어 가기 시작한다.

2023년 봄, 아침 스타벅스

마스크 안 한 사람 > 마스크 한 사람

일상은 원래의 모습으로 회복되어 간다.

에필로그

이 책을 쓰면서 그림을 그리는 것은 하나의 외국어를 배워 말하는 것과 같다는 생각을 했다. 멋지게 그림을 그리는 것은 유창하게 말하는 것이고 그렇지 못하다면 더듬더듬 말하는 것과 같다. 하지만 그게 무슨 상관일까? 좀 서툴러도 들을 수 있고 말할 수 있다면 시간을 두고 천천히 다듬어가면 될 것이다. 수년 동안 그때 그때의 생각을 담은 그림들을 구슬을 꿰듯 하나의 이야기로 묶는 것은 내가 새로 배운 언어로 세상과 소통하는 작업이었다. 어떤 그림은 어설픈 표현이었고 어떤 그림은 생각보다 꽤 잘 쓴 문장이었다. 더 나아가서 그런 것과 상관없이 흩어진 그림들이 하나로 묶였을 때 거기에서 내가 살고 있는 도시를 들여다 볼 수 있었다. 그 곳에는 우리가 사는 공간이 있고, 사람들이 있었고 시간이 흐르고 있었다.

지금 독자분들이 이 글을 읽고 있다면 그림이라는 만국 공통어를 통해 도시에 관해 내가 들려주는 지극히 개인적이고 사소한 이야기를 끝까지 들어 주신 것일 것이다. 인내심과 애정에 감사드린다.

기회가 된다면 더 다듬어진 세련된 언어로 다음 이야기를 들려 드리고 싶다.

저　　　자	이지호
기　　　획	신우혁
표지디자인	나유미
디　자　인	최수빈

초판　1쇄　|　2023년 12월 31일

발행처	올리커
주　　소	서울시 송파구 오금로53길5, 2층
전　　화	02)561-4704　　팩　　스	02)406-4369
인 스 타	@allliquor　　홈페이지	www.all-liquor.co.kr

ISBN　|　ISBN 979-11-978396-1-0　　03810

text ⓒ 이지호, Allliquor LTD., 2023 printed in Korea
이 책은 신 저작권법에 의해 한국에서 보호받는 저작물이므로
저자와 (주)올리커의 동의 없이 무단전재와 무단복제를 할 수 없습니다.